DAS

ANGLONORMANNISCHE

ERBFOLGESYSTEM.

EIN BEITRAG ZUR GESCHICHTE

DER

PARENTELENORDNUNG

NEBST

EINEM EXCURS ÜBER DIE ÄLTEREN NORMANNISCHEN

COUTUMES

VON

HEINRICH BRUNNER.

LEIPZIG,

DUNCKER & HUMBLOT

1869.

JOSEF UNGER

IN WIEN

ALS EIN ZEICHEN DANKBARER ERGEBENHEIT

DER VERFASSER.

INHALTSVERZEICHNISS.

Die Angriffe Siegel's und Wasserschleben's haben der Parentelenordnung einen guten Theil der allgemeinen Anerkennung entzogen, welche sie seit dem Ende des vorigen Jahrhunderts auf Grund ihrer ersten principiellen Entwickelung durch Joh. Christ. Majer in der deutschen Rechtswissenschaft genossen hatte.* Selbst die eifrigsten Parentelisten müssen zugeben, dass sie nach dem heutigen Stande der Forschung auf einer kritisch etwas unsicheren Basis steht. Gerber hielt die Destruction der Parentelenordnung schon für so weit gediehen, dass er als Todten-

* Ich stelle hier die Literatur über unsern Gegenstand kurz zusammen: Majer, Germaniens Urverfassung 1798. — Majer, Teutsche Erbfolge sowol überhaupt als insbesondere in Lehen und Stammgütern 1805 ff. — Griesinger in der Fortsetzung von Danz' Handbuch des heutigen deutschen Privatrechts IX, X, 1822, 1823. — Dedekind, De ordine succedendi, quo legibus et moribus Germanorum antiqui et medii aevi successio ex iure cognationis delata sit 1822. — Sydow, Darstellung des Erbr. nach den Grundsätzen des Sachsenspiegels 1828. — Siegel, das deutsche Erbrecht nach den Rechtsquellen des Mittelalters 1853. — Siegel, Die germanische Verwandtschaftsberechnung mit besonderer Beziehung auf die Erbenfolge 1853. — Wasserschleben, Das Princip der Successionsordnung nach dtsch. insbes. sächsischem R. 1860. Dazu die Anzeige Siegel's in der östr. Vierteljahrsschrift für R. u. St. W. VI, 21. — Homeyer, Die Stellung des Sachsenspiegels zur Par. O. 1860. — Rive, Zur Frage nach dem Princip der Successionsordnung im german. R., Jahrbuch des gemeinen dtsch. R. VI, 197 ff. — Wasserschleben, Die german. Verwandtschaftsberechnung und das Princip der Erbenfolge nach dtsch. insbes. sächsischem Rechte 1864. — Lewis, Zur Lehre von der Successionsordnung d. D. R., Krit. Vierteljahrsschrift f. G. u. R. W. IX, 23. — Vgl. Unger, System des österr. allg. Privatr. VI, 135, Anm. 1.

gräber germanistischer Rechtsanschauungen seines Amtes waltete, und sie in einer Anmerkung seines Systems[1]) mit gewohnter Eleganz einsargte. Er führt dort aus, wie man sich bisher gefreut habe, im germanischen Rechte ein selbständiges und mit den allgemeinen Ideen desselben leicht in Verbindung zu bringendes System gewonnen zu haben, das die Verwandtschaftsverhältnisse im Gegensatze des atomistischen römischen Gradualsystems plastisch zu gestaltvollen Gruppen zusammenfasste. Das sei nun überwundener Standpunkt, seit Wasserschleben die Unerweislichkeit der Parentelenordnung und das vermuthliche Princip des deutschen Rechtes ausgeführt hat — nebenbei gesagt, ein Princip, das sich allerdings neben dem römischen nicht mit Anstand sehen lassen kann.

Wenn der Abfall aus den Reihen der Parentelisten nicht noch grösser wurde, so ist dies hauptsächlich zwei Umständen zuzuschreiben. Einmal sind die Gegner unter sich nicht einig. Siegel und Wasserschleben gehen zwar in Bekämpfung der Parentelenordnung Hand in Hand, stellen aber ein verschiedenes System der Verwandtschaftsberechnung als das eigentlich germanische auf, und bekämpfen sich gegenseitig durch den Versuch der Beweisführung, dass die Ansicht des Anderen des vermeintlichen Haltes in den Quellen entbehre, ja geradezu in offenbarem Widerspruche mit denselben sich befinde. Zum zweiten ist die Parentelenordnung nicht ohne Vertheidigung geblieben. Homeyer hat für dieselbe in der Schrift: Die Stellung des Sachsenspiegels zur Parentelenordnung, seine schwer wiegende Autorität eingelegt. Rive gelangte durch eine Untersuchung der skandinavischen Rechtsquellen, des

---

[1]) System des deutschen Privatrechts. 9. Aufl. 1867, S. 651 Anm.

Sachsenspiegels und der germanischen Volksrechte zu der Ansicht, dass die Parentelenordnung, wenn auch im Einzelnen vielfach modificirt, doch das allgemeine Grundprincip des germanischen Erbfolgesystems gebildet habe. Zuletzt zog Lewis in der krit. Vierteljahrsschrift mit nüchterner Objectivität die Bilanz zwischen den Anhängern und den Gegnern der Parentelenordnung. Das Ergebniss ist fast durchaus ein negatives. Zwar haben Siegel und Wasserschleben dargethan, dass die Parentelenordnung bis nun keine durchschlagende Belegstelle aufzuweisen habe, ein Verdienst, welches diesen Arbeiten jedenfalls einen bleibenden literargeschichtlichen Werth sichert. Doch trifft ihre positiven Aufstellungen derselbe Vorwurf in gleichem Maasse. Mit Resignation bekennt Lewis, dass es seines Erachtens nie gelingen werde, die Parentelenordnung in den Rechtsdenkmälern klar zu legen, doch spreche für dieselbe der Umstand, dass die Successionsordnungen des hohen Adels sie durchweg zur Basis haben.

Als ehemaliger Schüler Siegels habe ich mich früher zu der von diesem entwickelten Ansicht bekannt. Indem ich mit diesen Zeilen in das Heerlager der Parentelenordnung eintrete, hege ich nicht die Absicht, die vollständige Geschichte meines Uebertrittes zu schreiben. Ich werde mich nicht auf eine Ueberprüfung all der Stellen aus den Volksrechten und Rechtsbüchern einlassen, aus welchen die Anhänger der drei Systeme in der Regel das ihrige herauslesen. Ebenso liegt es mir ferne, aus der Natur der Sache oder dem Wesen des germanischen Volksgeistes eine Waffe für die Parentelenordnung zu schmieden. Sondern darauf kommt es mir an, ein noch nicht berücksichtigtes Quellenmaterial in den Kreis der Betrachtung hereinzuziehen, einige bisher unbeachtete Körner, die ich, mit anderen Ge-

genständen beschäftigt, nebenher gefunden habe, in die just im Gang befindliche Mühle der literarischen Controverse zu streuen.

Es ist eine auffallende Erscheinung, dass die neuere Literatur über das germanische Erbfolgeprincip das englische Recht ausser Acht liess. Und doch lag gerade dieses Argument sehr nahe. Man hätte nicht einmal eines Einblickes in die älteren Quellen des englischen Rechtes bedurft. Schon aus den überall zugänglichen Commentaries Blackstone's, welcher im 14. Capitel des 2. Bandes das Erbrecht an Grundbesitz mit musterhafter Klarheit auseinandersetzt, hätte man ersehen können, dass die Intestaterbfolge des Common Law die wesentlichen Merkmale jener Parentelenordnung an sich trägt, welche deren Gegner für eine mehr oder minder geistreiche Erfindung Majers hinstellen wollen. Jüngere deutsche Arbeiten über englisches Recht, so Gundermann, Englisches Privatrecht[1]) 1864 und Güterbock, Henricus de Bracton und sein Verhältniss zum Römischen Rechte[2]) 1862 nehmen auf die neuere germanistische Controverse keine Rücksicht, sondern setzen die Parentelenordnung als ein allgemein germanisches Rechtsinstitut voraus und haben daher keinen Anlass, auf eine nähere Beweisführung einzugehen.

Wenn ich im Folgenden aus den anglonormannischen Rechtsquellen des 12. und 13. Jahrhunderts die Grundzüge der Parentelenordnung klar zu legen suche, so glaube ich mich vor den Kennern des englischen Rechts, denen eine solche Arbeit als überflüssig erscheinen dürfte, durch den Hinweis auf ihre Bedeutung für eine lebhaft geführte literarische Fehde genugsam entschuldigt zu haben. Neben

[1]) I, 175.

[2]) Seite 95 wird die Englische Erbfolge als Parentelenfolge bezeichnet.

den Rechtsbüchern Englands, Glanvilla, Bracton, Fleta und Britton, sollen auch die Quellen des Mutterrechts, die normannischen Coutumes, ins Treffen geführt werden, welche gerade für unsere Frage besonders ergiebige Ausbeute gewähren. Gelingt es, das gesuchte Princip der Erbfolge sowohl in den englischen wie in den normannischen Quellen nachzuweisen, so tritt die Wahrscheinlichkeit an uns heran, dass es in der Normandie schon vor der Eroberung Englands heimisch war, da eine gesetzgeberische Einführung durch die König-Herzoge Englands und der Normandie unerweislich und unwahrscheinlich ist. Von den übrigen französischen Coutumes ziehe ich nur die der Bretagne ergänzungsweise in Betracht, welche u. a. auch im Erbrechte mit dem normannischen Rechte verwandt ist. Wenn ich sonst die französischen Quellen nicht berücksichtige, so geschieht das nicht etwa, weil ich im Voraus darauf verzichte, in ihnen verwendbares Beweismaterial zu finden, sondern weil sie mir momentan in der Mehrzahl unzugänglich sind.

Der Begriff der Verwandtschaft beruht darauf, dass mehrere Personen entweder von einander oder von einem gemeinsamen Dritten abstammen. Nach der Parentelenordnung schichtet sich nun die ganze Verwandtschaft in übereinanderfolgende Gruppen, Parentelen ab, deren erste durch den Erblasser und seine Descendenz gebildet wird, während die folgenden der Reihe nach immer den relativ nächsten Ascendenten und dessen Abstämmlinge umfassen Sämmtliche Verwandte kommen demnach entweder als Stammeshäupter oder als Descendenten in Betracht. Die Reihe der Stammeshäupter, vom Erblasser angefangen, in aufsteigender Linie bis zu einem zu beliebiger Potenz erhobenen Urgrossvater, bildet den Hauptstock oder Stamm der Verwandtschaft (common stock), von dem in bildlicher Darstellung die Descendenten des Erblassers in gerade absteigender Linie ausgehen, die Collateralen desselben als Abstämmlinge seiner Ascendenten in schräger Linie sich abzweigen. Zum Erbe gelangt zunächst die Parentel des Erblassers, dann die seines Vaters und so weiter, so dass stets die dem Entstehungsalter nach jüngere Parentel, so lange sie in Haupt oder Gliedern vertreten ist, die älteren Parentelen ausschliesst (successive Delation).

Innerhalb der einzelnen Parentel kommt die Gradesnähe zum Hauptstock in Betracht, indem bei der Zählung das nähere Glied dem entfernteren vorangeht. Diese Parentelenordnung nennt man auch Linealgradualordnung, zum Unterschied von einer angeblichen reinen Linealordnung, welche innerhalb der einzelnen Parentel auf die grössere oder geringere Entfernung vom Hauptstocke gar keine Rücksicht nimmt. Den strikten Gegensatz hiezu bildet das System Wasserschlebens, welches für die Seitenverwandtschaft die Reihenfolge der Parentelen oder Linien ignorirt, und nur den Abstand vom Hauptstocke misst, d. h. nur die Zeugungen auf den schrägen Linien zählt, ohne Rücksicht darauf, wo diese sich vom Hauptstocke abzweigen, ob vom Vater, vom Grossvater oder irgend einem höheren Ascendenten des Erblassers.

Um die Verwandtschaftsnähe von zwei Personen zu bestimmen, zählt das deutsche und darnach auch das canonische Recht die Zeugungen vom gemeinschaftlichen Stammvater herab, aber nur auf einer Seite, bei ungleicher Seitenlänge auf der längeren Seite. Wenn man diese Zählungsart mit Ueberspringung der Linien auch dort anwendet, wo es sich um die Bestimmung der Verwandtschaft mehrerer Personen zu einer dritten handelt, die mit dieser nicht denselben nächsten Stammvater gemeinschaftlich haben, also nicht derselben Parentel angehören, so präsentirt sich uns das System, welches Siegel für die germanische Verwandtschaftsberechnung und mit einigen Modificationen auch für die Erbfolge aufstellt. Sowol nach ihm, als nach Wasserschleben ist es sonach möglich, dass das Glied einer ferneren Parentel einem Gliede der näheren Parentel im Erbgang vorangeht. Für die Parentelenordnung dagegen sind Glieder verschiedener Parentelen heterogene Grössen. Sie rechnet zuerst zwischen den Parentelen als dem Genus ab, um dann innerhalb des Genus sich für eine Species zu entscheiden.

DAS ANGLONORMANNISCHE ERBFOLGE-SYSTEM.

Die anglonormannischen Quellen, aus welchen hier die Existenz der Parentelenordnung dargelegt werden soll, sind kurz charakterisirt, folgende: 1. Das Rechtsbuch des Capitalis Justiciarius Angliae, Ranulf de Glanvilla, ein Tractat über das Recht und Verfahren der Curia regis, der um 1187 entstand.[1]) 2. Henrici de Bracton de legibus et consuetudinibus Angliae libri quinque. die bedeutendste und umfassendste Darstellung des englischen Rechts aus dem Mittelalter. Ihre Entstehungszeit fällt mit Wahrscheinlichkeit in die Jahre 1256—1259.[2]) 3. Fleta seu commentarius juris Anglicani, ein Auszug aus Bracton, der um 1290 von einem unbekannt gebliebenen Verfasser im Fleetge-

[1]) Abgedr. bei Houard Coutumes Anglonormandes I, 375 und bei Phillips Engl. Reichs- u. Rechtsgesch. II, 335.

[2]) Es existiren nur zwei alte Ausgaben, die eine in Folio von 1569 die andere in Quart v. 1640.

fängniss geschrieben, und daher Fleta genannt wurde. Bracton ist in der Fleta oft wörtlich ausgeschrieben, eine Abhängigkeit, welche namentlich auch in den Capiteln über die Verwandtschaftsgrade und über die Erbfolge hervortritt[1]). 4. Britton[2]), ein unter dem Namen seines Verfassers gangbares Rechtsbuch in altfranzösischer Sprache, welches nach 1290 entstand. Es verhält sich selbständiger zu Bracton als die Fleta, wenn ihm auch dieser im Allgemeinen zur Grundlage gedient hat.[3])

Die englische Erbfolge ist in Bezug auf den Grundbesitz und die demselben gleichgeachteten Rechte ausschliesslich Intestaterbfolge.[4]) *Solus Deus heredem facere potest non homo*, sagen Glanvilla und Bracton, um den Rechtssatz auszudrücken, dass nur die Blutsgemeinschaft mit dem Erblasser ein Erbrecht zu begründen vermag. Dem entsprechend ist für die Ordnung, in welcher die Verwandten zum Erbe berufen werden, in erster Linie das Maass der Blutsgemeinschaft entscheidend.

---

[1]) Mir steht hier nur der Abdruck bei Houard l. c. t. III. zu Gebot.

[2]) Britton, The french text carefully revised with an english translation introduction and notes by F. M. Nichols, 2 vols. Oxford 1865.

[3]) Vgl. über die englischen Rechtsquellen die Angaben bei Gans, das Erbrecht in seiner weltgeschichtlichen Entwickelung, IV, 262 ff.; ferner Biener, Beiträge zu der Geschichte des Inquisitionsprocesses und der Geschwornengerichte 217 ff.; Biener, Das englische Geschwornengericht II, 285; Gundermann, Engl. Privatrecht 60 ff.; Güterbock, Henricus de Bracton und sein Verhältniss zum römischen Rechte 1862 und Reeves, History of the English Law, 2. Ausg. I, 221, II, 86 ff., II, 279 ff. Eine summarische Uebersicht gab ich in v. Holtzendorff's Encyclopädie der Rechtswissenschaft I, 215.

[4]) Ueber das ältere englische Erbrecht ist vor allem zu vergleichen: Mathew Hale, The history of the Common Law, 6th. ed. by Runnington 1820, chapt. XI. touching the course of descents in England. Ferner die Abschnitte bei Reeves l. c. I, 108, 310 ff. Phillips, Engl. Reichs- u. Rechtsgesch., II, 188. Gundermann, E. Pr. R. 157. Gans, Erbrecht IV, 362 ff. Blackstone, Commentaries II, chapt. 14.

DAS MAASS DER BLUTSGEMEINSCHAFT.

Ueber die Grundsätze, die hiefür in Betracht kommen, enthält Glanvilla zwei sich gegenseitig ergänzende Hauptstellen, die hier im Wortlaute folgen mögen.

VII, 3, §. 1: *Heredum alii sunt proximi, alii sunt remotiores; proximi heredes alicuius sunt, quos ex suo corpore procreaverit ut filius et filia. Quibus deficientibus vocantur heredes remotiores scilicet nepos vel neptis ex filio vel filia recta linea descendens in infinitum.*

Item frater et soror et ex illis ex transverso descendentes.

Item avunculus tam ex parte patris quam ex parte matris et matertera similiter et ex illis descendentes.[1])

Und *Liber VII. Cap.* 4. *De heredibus ex transverso venientibus, qui eorum aliis preferantur:*

Deficientibus autem hiis, qui recta linea descendunt tunc frater vel fratres succedent. Aut si non reperiantur fratres, vocande sunt sorores. Quibus premortuis eorum liberi vocantur.

Post has vero vocantur avunculi et eorum liberi, postremo matertere et eorum liberi....

Wenn wir diese Stellen, soweit sie das Maass der Blutsgemeinschaft und nicht ein anderes die Erbfolge bestimmendes Moment betreffen, näher zergliedern, so wird die Schichtung der einzelnen Parentelen deutlich sichtbar.

[1]) Die Aehnlichkeit der englischen Erbfolgeordnung mit jener, welche Tacitus in der Germania anführt: *heredes successoresque sui cuique liberi, . . si liberi non sunt proximus gradus in possessione fratres, patrui, avunculi,* wurde schon von Blackstone Co. II, 225 hervorgehoben. Sie springt bei dieser Stelle Glanvillas besonders in die Augen. Doch sei hier darauf verzichtet, aus dieser Uebereinstimmung für die altgermanische Erbfolge Capital herauszuschlagen.

Zunächst erben die Kinder, dann die Enkel und so weiter die Descendenten des Erblassers bis ins Unendliche. Das sogen. Eintrittsrecht, welches hiebei in Frage kommt, wird später besprochen werden. So lange Descendenten des Erblassers vorhanden sind, bleiben alle übrigen Verwandten vom Erbe ausgeschlossen. *Illi, qui recta linea descendunt, semper illis preferuntur, qui ex transverso veniunt.*[1])

Gemäss der Parentelenordnung sollten wir erwarten, dass nach der Descendenz des Erblassers, und vor der Descendenz des Vaters, der Vater selbst als Haupt der zweiten Parentel zu stehen komme. Allein die Ascendenten fehlen überhaupt in der Aufzählung Glanvillas. Sie waren nach englischem Rechte bis in die neueste Zeit vom Erbe ausgeschlossen. *Quelibet hereditas naturaliter quidem ad heredes hereditabiliter descendit, nunquam vero naturaliter ascendit*, heisst es hierüber bei Glanvilla VII. 1. §. 10. Und Bracton vergleicht diesen Grundsatz mit dem Gesetze der Schwere, indem er sagt: *Descendit itaque ius quasi ponderosum quid cadens deorsum recta linea vel transversali et nunquam reascendit ea via, qua descendit, post mortem antecessorum.*[2]) Die Regel steht nicht vereinzelt. Auch anderwärts findet sich eine Zurücksetzung der Ascendenten. Das deutsche Recht bietet eine Reihe von Rechtssprichwörtern, nach welchen das Erbe nicht aufwärts klimmt:

Wer will zu dem Erbe stehen, muss in den Linien sein, die niederwärts gehen. Erbgut erbt sich niederwärts und nicht aufwärts. Dem Nedderthoem böret das Erf.[3])

Auch das französische Recht hat die Paroemie: Les

[1]) Glanvilla VII, 3, §. 7, i. f.

[2]) Liber II, cap. 29, §. 1. fol. 62.b

[3]) Graf und Dietherr, Deutsche Rechtssprichwörter p. 193 ff.

propres[1]) ne remontent point.[2]) Uebrigens wäre es ein Missverständniss des englischen Rechtes, wollte man etwa diese Ausschliessung der Ascendenten als eine principielle Abweichung von der Parentelenordnung betrachten. Sie erklärt sich in genügender Weise aus dem feudalen Charakter des englischen Grundbesitzes jener Zeit. Der Beweis dieser Behauptung mag übrigens, weil er eine längere Auseinandersetzung nöthig macht, vorläufig aufgeschoben werden, damit die Erbfolgeordnung des englischen Rechtes in ununterbrochenem Zusammenhang dargelegt werden könne. Abgesehen also von der beregten Ausnahme, welche ausserhalb des Systems liegende Gründe herbeiführten, wird in jenen zwei Stellen Glanvillas die Reihenfolge der Parentelenordnung strenge eingehalten. Dem kinderlosen Erblasser folgen die Descendenten aus der zweiten Parentel, nämlich die Geschwister und deren Abstämmlinge. Erst wenn weder Geschwister noch Descendenten derselben vorhanden sind, folgt die nächst höhere Parentel, die des Grossvaters, und zwar, da dieser als Ascendent nicht in Betracht kommt, der Onkel und die Tante des Erblassers, beziehungsweise ihre Descendenz. Legen wir an diese Erbfolge den Maassstab der Siegel'schen und der Wasserschleben'schen Berechnungsart, so ergeben sich unlösbare Widersprüche.

Das System Glanvillas findet für die höheren Parentelen seine Ergänzung durch Bracton und die von ihm abgeleiteten Rechtsbücher. Bracton unterscheidet in dem Verwandtschaftbilde[3]) die linea recta descendens, die linea

---

[1]) Erbgut im Gegensatz zum errungenen Gut (acquêts).

[2]) Loysel, Institutes coutumières I, 335. (Ausgabe von Dupin und Laboulaye, 1846.

[3]) Bracton lib. 2, cap. 30. §. 1, f. 64

recta ascendens und die lineae transversales. In der geraden Linie haben Vater und Mutter den primus gradus, der Grossvater den zweiten Grad u. s. w. Nach aufwärts schliesst die Zählung mit dem sechsten Grade (tritavus und tritavia), ohne darüber hinauszugehen, quia talis computatio excederet memoriam.[1]) Der Sohn nimmt in der geraden Linie nach abwärts den zweiten Grad ein. Bracton giebt nämlich — etwa nach Analogie einer genealogischen Tabelle — ein absolutes Bild der Verwandtschaft, welches einen Erblasser als Mittelpunkt nicht voraussetzt, und daher für denselben kein Feld leer lässt.[2]) Indem er aber diese Figur auch für die Darstellung der Erbfolge benutzt, muss der Erblasser in irgend einer Verwandtschaftsrolle mitfungiren. Da nun das Erbe zuerst auf die Descendenten übergeht, so erhält der Erblasser die Stellung als pater um diese Bezeichnung, dann auch im Verhältniss zu den Ascendenten und Collateralen beizubehalten.[3]) Infolge dieser absoluten Verwendung relativer Bezeichnungen erscheint das ganze Verwandtschaftsbild als verschoben, denn die aufsteigenden und die Seitenverwandten sind um eine Parentel zu hochgestellt.

Ist kein Erbe in gerade absteigender Linie, welche bis in das Unendliche reicht, vorhanden, so kommen, da die Ascendenten des Erbrechts darben, die lineae transversales

[1]) Bracton II, c. 31, fol. 67.

[2]) Vgl. den Stammbaum bei Mathew Hale, Hist. of the Comm. Law 321 und die Bemerkung des Herausgebers Runnington loco cit. 335 Note l.

[3])
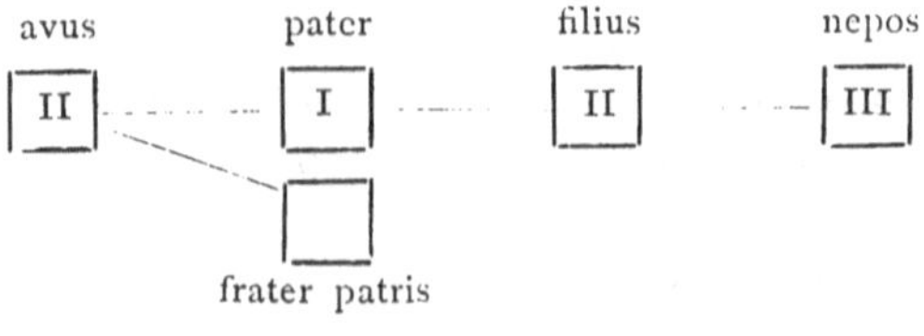

an die Reihe, und zwar wie bei Glanvilla die Geschwister und deren Descendenz, dann die Elterngeschwister und deren Nachkommen. Der Passus, durch welchen wir die bei Glanvilla abgebrochene Reihenfolge der Erben ergänzen können, setzt in folgender Weise ein[1]): *Et istis omnibus deficientibus, ad superiores fiet descensus sicut ad fratrem avi vel aviae vel ad sororem in linea transversali sicut ad patruum magnum vel amitam magnam et ad eorum haeredes filium vel filiam et sic deinceps. Et illis omnino deficientibus tunc ad fratrem proavi ex parte patris, qui dicitur propatruus magnus vel ejus sororem, quae dicitur proamita magna et sic deinceps ad filios et filias eorum nepotes et neptes. Illis autem deficientibus ex parte patris, tunc vocentur fratres abavi et abaviae, qui dicuntur abpatruus magnus et abamita magna et eorum heredes in infinitum. Et istis deficientibus ex parte patris, frater atavi vel ataviae, qui dicuntur atpatruus magnus et atamita magna et eorum haeredes in infinitum. Quibus deficientibus vocantur ex parte patris frater et soror tritavi et tritaviae, qui dicuntur tripatruus magnus et tritamita magna et eorum haeredes in infinitum.* Wenn das Erbgut an die mütterlichen Verwandten fällt, ist die Ordnung der Erbfolge der vorausgegangenen, welche die Vererbung im Vaterstamme zur Voraussetzung hat, vollständig analog. Sind die erste, zweite und dritte Parentel unbesetzt, so folgen der avunculus magnus und die matertera magna als Geschwister der mütterlichen Grosseltern, respective deren Descendenz; dann werden die Geschwister des Urahns und deren Descendenz berufen und sofort bis zum tritavunculus magnus und zur trimatertera magna sammt deren Descendenten in infinitum.

---

[1]) Bracton l. c. fol. 68^{b}.

Während Bracton und die mit ihm wörtlich übereinstimmende Fleta[1]) die Linienhäupter mit ihrer Descendenz der Reihe nach namentlich anführt, erhebt sich Britton für die höheren Parentelen zu einer mehr principiellen Auffassung der Sache. Wenn Descendenten fehlen, folgen die Geschwister des Erblassers und deren Descendenten.[2]) Gebricht es an Descendenten der ersten Seitenlinie, so kommt das Haupt dieser Linie, der Vater des Erblassers[3]) an die Reihe. Sodann die zweite line bilive[4]), welche Vatersgeschwister und deren Descendenten umfasst. In Ermangelung derselben *covendra resorter al ael qe est en la dreite line et puis resortaunt par defaute al frere ou a la soeur le ael en la line bilive, et issi de degré en degré taunt cum il serrount trovez pleins. Et issi de trestouz les autres degrez plus hautz issint qe a ceux qe serrount trovez en la dreite line, escheite le dreit de la successioun si nul ne soôt de suth ly nule part, ou le dreit purra descendre* (die vom Ascendenten ausgehende *line bilive* inbegriffen.) *Et par defaute de celi qi fit un degré en la dreite line, descende le dreit a acun qi serra trovée en la line bilive. Et par defaute de degré en la line bilive, resorte autre foiz le dreit a la dreite line a un degré plus haut. Et s'il*

1) Liber VI, cap. 2: *De gradibus successionis et parentelae et de lineis consanguinitatis.*

2) Britton, lib. VI, c. 3, §. 4; Nichols II, 324 ff.

3) Britton legt dieser Stelle das Verwandtschaftsbild Bractons zu Grunde, welches den Pater zum Erblasser macht. Wir müssen daher sämmtliche Anverwandte, wie er sie aufzählt, um eine Parentel degradiren oder eine Parentel ergänzen, wie dies bei Bracton durch die Art der Anknüpfung an Glanvilla geschehen ist. Ich ziehe das letztere vor, um die Verwandtschaftsbezeichnungen unserer Quelle beibehalten zu können.

4) linea transversalis.

5) degré plein, ein mit einem erbfähigen Verwandten besetzter Grad im Gegensatz zu degré void, der als unbesetzt ausfällt.

troeve degré plein, se tiegne, et si noun, courge donc descendaunt en la bilive; et issi de touz autres degrez.

Die Zulassung einer Ascendentenerbfolge ist eine Eigenthümlichkeit, mit welcher Britton unter den anglonormannischen Rechtsquellen einzig dasteht. Sie zu erklären, soll weiter unten der Versuch gemacht werden. Abgesehen hievon bedarf die Stelle keines Commentars. Das Erbe rückt von jeder line bilive zur nächst höheren hinauf, das heisst von der Descendenz jeder Parentel zur Descendenz der nächst höheren Parentel, indem es dabei den Weg über die Parentelenhäupter nimmt und bei ihnen stehen bleibt, wenn die Stellen besetzt sind. Aus Britton wäre hier noch zu erwähnen, dass er für die Zahl der erbberechtigten Parentelen keine bestimmte Grenze angiebt, sondern das Erbe aufsteigen lässt, *taunt cum tens limité el bref de dreit le vodera suffrer*[1]), das heisst mit Rücksicht auf die in der petitorischen Erbrechtsklage aufgestellte Zeitgrenze. Die Sache würde zu sehr ins processualische hineinführen, daher hier die Bemerkung genügen möge, dass die sechste Parentel dadurch nicht erreicht, geschweige denn überschritten wird.

Die Existenz der Parentelenordnung glaube ich durch die angeführten Stellen aus Glanvilla, Bracton und Britton für das anglonormannische Recht erwiesen zu haben. Die hier angegebene Reihenfolge der Erben stimmt vollständig mit jener der Linealgradualfolge und bei Britton finden wir selbst schon die Auffassung einer Gliederung der Verwandtschaft nach Linien oder Parentelen. Nur ein Punct macht eine Ausnahme, nämlich die Ausschliessung der Ascendenten, welche allerdings einer näheren Erklärung

[1]) VI, 3, §. 3, Nichols II, 324.

bedarf, soll das System in seiner Reinheit gerettet werden. Diese oben vertagte Frage möge nun aufgenommen werden, ehe andere die Erbfolge bestimmende Momente zur Erörterung gelangen.

DIE UNZULAESSIGKEIT DER ASCENDENTEN-FOLGE.

Mit Recht hat schon Blackstone [1]) jene Erscheinung aus den Grundsätzen des Lehnrechts erklärt. Aller unbewegliche Besitz Englands stand im Leihenexus. So ausgedehnt nun auch die Lehnserbfolge war — ein Umstand, der die Feudalisirung des gesammten Grundbesitzes begreiflich macht — so war doch für ein Erbrecht der Ascendenten, wenigstens ursprünglich, kein Spielraum vorhanden. Ein feodum novum, d. i. ein Lehen, mit welchem der Erblasser selbst zuerst belehnt worden war, erbte anfänglich nur auf Descendenten. Wurde ein Neulehen durch Erbgang ein feudum antiquum, so konnte es in Consequenz jenes Satzes nur an Abstämmlinge des ersten Erwerbers kommen. Ein Stammlehen musste also an den Erblasser im Erbgang in Folge des Todes der Ascendenten gelangt sein, die dasselbe seit Erwerbung des Lehns besessen hatten. Das Gut, welches er etwa von der Mutter her erworben hatte, kommt für eine Ascen-

[1]) Co. II, 211 (citirt nach der 15., einer Christian'schen Ausgabe). Die Ausschliessung der Ascendenten hat bei den englischen Juristen eine Reihe von Erklärungsversuchen hervorgerufen, von welchen aber keiner die Sache bis auf den Grund verfolgt. Siehe die Anmerkung G. Seite 380 in Runningtons Ausgabe von Hale History of the C. L.

dentenfolge nicht in Betracht, denn es erbte weder auf den Vater noch auf die väterlichen Verwandten, weil der Grundsatz paterna paternis, materna maternis (Abstammung vom 1. Erwerber) hindernd im Wege stand.

Bei alledem nimmt es Wunder, dass die Normandie, wo dieselben Grundsätze gelten, mit denen wir eben operirt haben, ein Erbrecht der Ascendenten kennt. Der Ascendent wird nämlich daselbst Erbe, *nullo de procreatis ex ipso lineis remanente*[1]). Das gilt sowol bei Erblehen als bei Perquisitis (Neulehen). Dass das englische Recht an Neulehen keine Ascendentenfolge entwickelte, bildet keinen Stein des Anstosses. Denn als man bei diesen die Erbfolge über die ursprüngliche Beschränkung hinaus erweiterte, liess man sie nach Art der feuda antiqua auf Collateralen vererben, eine Regel, welche die späteren englischen Juristen in das Gewand der Rechtsfiction kleideten, dass das feudum novum als feudum antiquum von unbestimmter Zeit her anzusehen sei. Wie erklärt sich nun aber die Erbfolge der Ascendenten in Erblehen nach normannischem Rechte, während sie im englischen fehlt? Der entscheidende Punkt scheint mir folgender zu sein. Das normannische Recht kennt Vergabungen an Land vom Vater an den Sohn, welche das Object einer Folge des Vaters in das Erbe des Sohnes bilden konnten. Und nach französischem Recht: *toutefois ce qui est donné aux enfans par leurs père ou mère, leur retourne, quand il n'y a point d'enfans des donataires.*[2]) Nach älterem englischen Rechte war ein solches droit de retour nicht zulässig. Glanvilla erörtert[3]) in ausführlicher

[1]) Somma de legibus, I, tit. 26, §. 26. Ludwig Reliquiae Msc. VII, 211.
[2]) Loysel Institutes coutumières, l. II, tit. V, c. 17, N. 333, t. I, p. 339.
[3]) VII, c, 1, §. 9 ff.

Weise die Frage, wie es zu halten sei, wenn der Vater einem seiner mehreren Söhne bei Lebzeiten quandam partem rationabilem de hereditate sua donat und der in die Gewere des Gutes gesetzte Sohn vor dem Vater und seinen Brüdern stirbt. Dass solche Schenkungen nicht selten vorkamen, ergiebt die Bemerkung Glanvillas: *Occasione liberalitatis, quam patres in filios .. exercere solent, juris questiones in hujusmodi donationibus sepius emergunt* (§. 9, l. c.) Namentlich nachgeborene Söhne mochte man in dieser Weise häufig beschenken, um für sie die Nachtheile der immer mehr zur Ausbildung gelangenden Primogeniturfolge quitt zu machen. Wer nimmt nun in jenem Falle das Erbe? Der Vater, oder einer der Brüder? Der Vater erbt nicht, weil *secundum jus regni nemo ejusdem tenementi simul potest esse haeres et dominus.* Bei der allgemeinen Lehnsqualität des englischen Grundbesitzes war eine Veräusserung durch den Besitzer unstatthaft. Wenn daher bei Lebzeiten des Vaters ein festes Recht an dem Gute auf den Sohn übergehen sollte, so konnte das nur durch Afterleihe geschehen, zu welcher der Lehnsmann allenthalben befugt war. Der Vater wurde also durch die Schenkung Lehnsherr des Sohnes. Starb der Sohn, so erbte das Lehn trotz Ermangelung von Descendenten auf die Verwandten desselben mit Ausschliessung des Heimfalls. *Nec ad donatorem licite revertitur terra alicui sic donata, scilicet cum homagio secuto, si aliquem heredem habuerit is, cui facta est donatio, ex corpore suo sive etiam remotiorem.*[1]) Unter diesen Verwandten konnte der Vater nicht in Betracht kommen,[2]) weil sonst das Resultat des

[1]) Glanvilla VII, 1, 10.

[2]) for he could not pay homage *to* himself. Hale Hist. of the C. L. p. 316.

Heimfalls auf dem Wege des Erbgangs eingetreten wäre.[1]) Die Art, wie Glanvilla die Frage behandelt, ergiebt, dass der Ausschluss der Ascendenten damals noch nicht principiell feststand (wozu sonst die lange Argumentation?), sondern erst mit Rücksicht auf den noch streitigen Punct entschieden wurde, bei dem aus Gründen, die ausserhalb der Verwandtenfolge liegen, ein Aufsteigen der Erbschaft zu Ascendenten ebensowenig möglich sei, als sonst bei Erblehen nach der Natur der Sache.[2]) Der hiefür maassgebende Grundsatz, nämlich die Unzulässigkeit einer Concurrenz von Heimfall und Erbrecht, findet sich auch in den Établissements der Normandie[3]) und in einem Glanvilla gleichzeitigen Gesetze, welches Graf Gottfried, der Sohn des englischen Königs Heinrichs II. für die Bretagne erliess;[4]) doch ist hier der Mangel des Erbrechts an die Bedingung geknüpft, dass bei Uebertragung des Gutes an den Verwandten das homagium genommen wurde, was also nicht nothwendig, sondern dem Belieben anheimgestellt war, während Glanvilla eine solche Uebertragung stillschweigend als die einzig zulässige voraussetzt. Dem normannischen Rechte vom Ausgang des 13. Jahrhunderts ist das Ho-

---

[1]) Der Lehnsherr folgt nicht ut heres, sondern propter defectum heredis. Bracton 68^{b}.

[2]) Glanvilla VII, 1, §. 10.

[3]) Établ. de Norm. hrsgeg. von Marnier, 25: *Se li frères done à son frère ou la suer à sa suer ou li cousins à son cosin partie de terre et il em prant homage, se cil qui en a fet homage muert sanz oirs, li héritages ne revendra pas à la table au segneur dont il parti, mès à prochiens paranz ou cosins.*

[4]) Assise des Grafen Geoffroi von der Bretagne von 1187 nach einem von Giraud mitgetheilten Text bei Warnkönig fr. St. u. R. G. Urkundenbuch I, 27, §. 6: *Si major (frater) dederit juniori terram de qua eum receperit in hominem et sine heredi obierit, alicui de prop' iquis suis cui voluerit eam dabit, ita quod ad principalem dominum non redeat.*

magium überhaupt als Hinderniss der Ascendentenfolge bereits unbekannt,

Es ist eine auffallende und noch unerklärte Erscheinung, dass Britton in Uebereinstimmung mit dem normannischen Rechte eine Erbfolge von Ascendenten kennt und sich in dieser Materie von seinem Vorbilde Bracton mit Bewusstsein entfernt. Das geht namentlich aus der Art und Weise hervor, wie er den oben Seite 16 erwähnten Satz Bractons wiedergiebt. Et cel dreit (das Erbrecht), heisst es Britton II, 310 *acune foiz descent ausi cum chose pesaunte et acune foiz remounte.*[1]) B. II, 163 werden dem piere, ael, besael und tresael die Erbrechtsklagen zugesprochen. Nach B. II, 319 erben die Ascendenten die Perquisita des Sohnes, wenn weder Descendenten noch Geschwister desselben vorhanden sind. Dass aber der Bruder den Vater ausschliesse, obwol dieser *plus proscheins de saunc sei*, geschehe darum, *qe le frere est trové le plus proschein en mesme le degré et issi ne sount mie le pere ne la mere.* Britton II, 325 spricht ganz allgemein von einem Erbrecht der Ascendenten vor den Descendenten der nächst höheren Parentel. Die Sache ist schwer zu erklären. Ich beschränke mich auf folgende Vermuthung. Britton ist erst nach dem Statut 18 Ed. I Quia emptores terrarum abgefasst.[2]) Dieses Statut bestimmt u. a.: *Quod de cetero liceat unicuique libero homini terras suas seu tenementa sua seu partem inde ad voluntatem suam vendere*[3]) *ita tamen, quod feoffatus teneat terram illam seu tenementum*

---

[1]) Dagegen Fleta VI, 1, §. 4: Jus enim hereditarium quandoque quasi ponderosum descendit et quandoque ascendit non tamen eadem linea.

[2]) Er nennt es gelegentlich „une novele constitution." Vgl. die Einleitung von Nichols.

[3]) Vendere. Is here not onely taken for a sale, but for any alienation

illud de capitali domino feodi illius per eadem servitia et consuetudines per quae feoffator suus illa prius tenuit.[1]) Vor diesem Statut war nur eine Verafterleihung möglich gewesen, wie sich schon aus dem Inhalte der angegebenen Stelle ergiebt. Auf Grund jener Neuerung konnte nun zu Brittons Zeit der Vater seinem Sohne zum Zweck der Abschichtung (forisfamiliatio) einen Theil seines Gutes ohne Begründung eines Afterlehnsverhältnisses übertragen, so dass beim Erbfall die Regel: *Nemo ejusdem tenementi simul heres et dominus* einer Nachfolge des Vaters nicht mehr hindernd im Wege stand. War auf diese Weise einmal eine Ascendentenerbfolge überhaupt construirt, so konnte sie in Consequenz dessen auch auf Güter ausgedehnt werden, die der Sohn von auswärts her erworben hatte. So scheint sich mir der Widerspruch zwischen Britton und den älteren Rechtsbüchern zu erklären. Doch bin ich gern bereit diese Erklärung gegen eine bessere fallen zu lassen. Im Gegensatz zu Britton hat die englische Praxis die gewohnheitsrechtlich eingewurzelte Ausschliessung der Ascendenten festgehalten, und Coke konnte sagen: *I never read any opinion in any booke old or new against this maxime.*[2])

---

by gift, feoffment, fine or otherwise: but sale was the most common assurance. Coke 2. Inst. 500. Coke's Institutes of the Laws of England werden hier nach der Ausgabe: London 1817, 6 vols. citirt. Part I (Coke's Commentar zu Littleton) wurde von Francis Hargrave und Charles Butler mit trefflichen Noten versehen.

[1]) Cf. Coke 2, Inst. 65 zu Art. 32 der Magna Charta.

[2]) Coke 1 Inst. 11. a. Vgl. Hargrave zu Co. Littleton I, 1, s. 3.

VOLLBLUT UND HALBBLUT.

Nach späterem englischen Rechte sind nur vollbürtige Collateralen des letzten Besitzers erbberechtigt.[1]) Der Ausschluss des Halbbluts stand jedoch nicht von jeher fest. Bracton, Fleta und Britton stimmen nur darin überein, dass das Halbblut durch das Vollblut[2]) von der Nachfolge in die Errungenschaft (perquisita, purchase) ausgeschlossen ist, so dass die vollbürtige Schwester des Erblassers und nicht der halbbürtige Bruder desselben zum Erbe gelangt, während sonst der Bruder stets der Schwester vorausgeht.[3]) Was aber das ererbte Gut (Hereditas descendens) betrifft, stellt Bracton die Sache als controvers dar. Manche wollen den Vorzug des Vollbluts hier nicht gelten lassen, so dass also der Halbbruder die vollbürtige Schwester des Erblassers ausschliesst.[4]) Dagegen lasse sich aber einwenden, dass hier eigentlich dieselben Grundsätze durchgreifen müssten, wie bei den Perquisitis, da ja die Verwandtschaftsberechnung sich nach dem letzten Besitzer des Gutes zu richten habe (Saisina facit stipitem). In der Fleta[5]) wird bestimmt zwischen Erbgut und Errungenschaft unterschieden, für diese der Vorzug des Vollbluts anerkannt, für jenes verneint. Bei Britton ist dagegen

---

[1]) Gundermann, Engl. Privatr. 161. Nichols zu Britton II. 317, c. Hargrave zu Co. Littl. I, 1, sect. 6.

[2]) Bracton 66b: *Illi qui sunt de diversa matre.. in vita aliorum (heredum) nunquam participes nec capaces (erunt) in vita talium sed post mortem.*

[3]) Bracton 65, §. 3.

[4]) Dieser Ansicht war zu Bractons Zeit die Praxis. '*Nec est multum curandum utrum sint de eodem patre et eadem matre vel diversa*'. Bracton 65b.

[5]) VI, 1, §. 14.

die Hintansetzung des Halbblutes[1]) auch für Erbgüter zum Durchbruch gekommen. Und auch das Common Law hat die Scheidung zwischen Erbeigen und erworbenem Eigen in dieser Materie fallen lassen.

Nicht bloss das Maass der Blutsgemeinschaft bestimmt die Erbfolgeordnung. Noch andere Momente greifen hier bestimmend ein. Die natürliche Verwandtenfolge wird namentlich alterirt durch die Rücksicht auf den höheren oder geringeren Werth des Blutes (worthiness of the blood). Auf diesem Gesichtspunkte, welcher erst in den späteren Rechtsquellen zu deutlichem Ausdruck kommt,[2]) beruht der Vorzug der Erstgeburt und der Vorzug des männlichen Geschlechts. In consequenter Durchführung musste die Anschauung von dem höheren Werthe des Blutes zur Ausbildung eines unbeschränkten Repräsentationsrechtes führen. Der Vorzug der Erstgeburt musste zu einem Vorzug der Linie des Erstgeborenen, der Geschlechtsvorzug zu einem Vorzug der männlichen Linien vor den weiblichen Linien ausgedehnt werden.

DIE ERSTGEBURT UND DAS EINTRITTSRECHT.[3]

Beginnen wir auch hier mit unserer ältesten Quelle, mit Glanvilla. Wenn der Erblasser mehrere Söhne hinterlässt, ist nach Glanvilla zu unterscheiden, ob er ein miles tenens per militiam oder ein liber socomannus war. Das feodum militis ist untheilbar und fällt an den Erstgeborenen.

---

[1]) VI, 1, §. 10.
[2]) Littleton I, c. 1, sect. 5. Hale Hist. of the Common Law, 6. ed. 320.
[3]) Mathew Hale l. c. 312 ff.

Dagegen wird das sog. liberum socagium (das Land, wovon keine Kriegsdienste geleistet werden) zu gleichen Theilen unter die Brüder getheilt, nur dass der Aelteste den Stammsitz, das capitale mesnagium pro dignitate aesnetie sue erhält. Die sogenannten Leges Henrici I, eine Privatcompilation, welche in der Zeit Heinrichs II. entstand, anerkennen das Recht des Erstgeborenen in demselben Umfange durch den Satz: *Primo patris feudum primogenitus filius habeat.*[1]) Eine Quelle aus der Regierungszeit Eduards II., der Mirror of Justice, der zum Theil in sehr unhistorischer Weise die wichtigsten Einrichtungen des Englischen Rechts auf Alfred den Grossen zurückführt, lässt auch diese Bestimmungen aus einer Satzung Alfreds hervorgehen: *Ordeiné fuit que fee de chivaler deuiendroit al eigné fits per succession de heritage. Et que Soccage fee fuist partable perenter les masles enfants.*[2]) Seit Glanvilla ist das Erstgeburtsrecht in stetiger Ausbildung begriffen. Zu Bractons Zeit tritt es auch schon bei dem Socage Land ein. Er sagt nämlich[3]) ganz allgemein: *Si quis plures haberet filios, jus proprietatis semper descendit ad primogenitum, eo quod ipse inventus est primo in rerum natura.*[4]) Ein weiterer Fortschritt in der angebahnten Richtung zeigt sich darin, dass das Vorrecht des älteren Descendenten durch Anerkennung des Eintrittsrechts auf dessen Nachkommen ausgedehnt wird. Dieses deutlich verfolgbare Umsichgreifen der Primogeniturfolge, welches in der französischen Rechtsgeschichte ein Analogon findet, macht es

---

[1]) c. 70. §. 21, Reinhold Schmid, Gesetze der Angelsachsen, 2. Aufl. 472.

[2]) Houard, Coutumes Anglo-Normandes, IV, 488.

[3]) fol. 64b.

[4]) Cf. Littleton, L. I, C. I, S. 5: *for that the eldest is most worthy of blood* (nach Coke's Uebersetzung).

an sich schon wahrscheinlich, dass sie dem anglonormannischen Rechte nicht vom Anfang an eigenthümlich war.[1]) Abgesehen hievon erscheint es mir aus anderen Gründen glaubhaft, dass in England das Erstgeburtsrecht nicht sehr lange vor Glanvilla auf dem Wege der Satzung eingeführt wurde. In der Bretagne hat der Sohn Heinrichs II. Gottfried durch Assise von 1187 die Untheilbarkeit und Primogeniturfolge für Baronieen und feoda militum festgestellt. Auch in der Normandie erfolgte diese Neuerung „per constitutionem" für das feodum lorice (fief de hauberg), die Baronieen und die Serjanteriae ducis.[2]) Sollte nicht Aehnliches in der Zeit Heinrichs II. auch in England geschehen sein?

Wenn der Erblasser keine Söhne, sondern nur Töchter hinterliess, so folgen diese ohne Rücksicht auf den Character des Erbschaftsobjects zu gleichen Theilen in das Erbe, nur dass die älteste Tochter, wie nach Glanvilla bei Socage Land der älteste Sohn, das Capitale Mesnagium nimmt. Das Princip der Untheilbarkeit der Erbschaft, wie es sich in den Quellen des 13. Jahrhunderts zeigt, wird auch hier aufrechterhalten durch die Auffassung, dass die

---

[1]) Cf. Hale l. c. 312 u. 313.

[2]) Die betreffende Bestimmung findet sich in den Statuta et Consuetudines Normanniae, Warnkönig franz. St. u. R. G. II. U. B. 8. Diese sind eine Compilation, deren älterer Theil abgesehen von einigen Einschiebseln in anglonormannischer Zeit verfasst wurde. Der Compilator nahm mehrfach Gesetze englischer Könige auf, die er in der Regel als solche bezeichnete. Bei dem Abschnitt de portione fratrum that er diess nicht. Das Gesetz ist hier in den Text hineingearbeitet. Doch ergiebt sich aus dem Satze: *et si escaetas nonquam habuerint et solum feodum lorice vel dimidium quod partitum fuerit ante hanc constitutionem*, dass wir es hier mit dem Wortlaute oder mit dem Bruchstück einer Satzung zu thun haben.

mehreren Töchter pro uno herede quamvis animae diversae[1]) succediren.

Das Eintrittsrecht (Repräsentationsrecht) ist zur Zeit Glanvilla's noch eine offene Frage. Wenn der erstgeborene Sohn vor dem Erblasser starb, und nach dem Tode des Letzteren sein Enkel von jenem Sohne her, und sein zweitgeborener Sohn als Erbschaftsprätendenten auftreten, magna juris dubitatio solet esse uter illorum preferendus sit.[2]) Manche behaupten, dass der Sohn, Andere, dass der Enkel des Erblassers zu folgen habe. Glanvilla neigt sich im Allgemeinen der letztgenannten Ansicht zu und sucht ausserdem das Gebiet der Controverse einzuschränken. Der Enkel ist jedenfalls ausgeschlossen, wenn der Erstgeborene bei Lebzeiten vom Vater mit Land ausgestattet worden ist (foris-familiatus est). Dann können dessen Söhne und Erben nichts de residua parte hereditatis avi sui verlangen, licet pater eorum, si ipse supervixisset eundem avum suum, (petere) posset. Andererseits sei es aber auch unzweifelhaft, dass der Enkel den Ohm ausschliesst, wenn der Erstgeborene dem Lehnsherrn des Vaters bereits das Homagium geleistet hatte. Die Thatsache, dass bei Glanvilla ein Repräsentationsrecht noch nicht feststeht, ist von Bedeutung, weil sie den Einwurf ausschliesst, dass die Parentelenordnung des englischen Rechts, die sich bei Glanvilla bereits in voller Deutlichkeit vorfindet, aus seinem unbeschränkten Repräsentationsrechte hervorgegangen sei.[3])

Auch in der Normandie hat das Eintrittsrecht anfänglich nicht gegolten, wie sich aus einer, später zu erörtern-

---

[1]) Fleta VI, c. 1, §. 17.

[2]) Glanvilla VII, c. 3, §. 8.

[3]) Cf. Blackstone Co. a. a. O.

den Stelle der Etablissements de Normandie ergeben wird. Bekannt ist die Rolle, welche unsere Frage in dem Erbstreite zwischen Johann und seinem Neffen Arthur, dem Sohne seines älteren Bruders Gottfried gespielt. Für die Normandie klingt dieses Ereigniss noch in einer Quelle vom Ausgang des 13. Jahrhunderts durch. Erst sehr spät hat sich hier die Ausbildung eines Repräsentationsrechtes für den Fall einer Concurrenz zwischen Sohnessohn und Sohn des Erblassers vollzogen. Anders in England. Bei Bracton[1]) ist das Eintrittsrecht schon allgemein anerkannt. *Nepos . . haeres propinquior avo propter jus proprietatis quod ei descendit, quamvis gradu remotior.* Dasselbe gelte *de omnibus aliis haeredibus in casu consimili.*[2]) Güterbock erklärt diese Erscheinung durch den Einfluss des römischen Rechts. Nicht glücklich, wie mir scheint. Abgesehen davon, dass das römische Recht ein Repräsentationsrecht im Sinne des Englischen nicht kennt[3]), erscheint seine Ausbildung mit grösserem Rechte als eine Consequenz der Anschauung von dem Vorzuge des Blutes und als der nothwendige Schlussstein der Entwickelung der Primogeniturfolge.[4])

Das Repräsentationsrecht ist im Common Law ein unbeschränktes. Die Descendenz des vorverstorbenen Parens hat dasselbe Recht, welches dieser hätte, würde

[1]) 64^{b}.

[2]) Ueber den sog. Casus Regius vergl. Güterbock Henricus Bracton und sein Verhältniss etc. 101 ff. und gegen ihn Gundermann E. Priv. R. 343 ff. insbes. 345, Note 29.

[3]) Vgl. J. Unger, System des österr. allgemeinen Privatrechts VI, §. 33, Anm. 4.

[4]) Gans, Erbrecht IV, 364: 'Das Recht der Repräsentation musste nun natürlich hier ebenfalls in Frage kommen und obgleich es aus dem streng aufgefassten Begriffe der Primogenitur herzuleiten ist . . etc.'

er den Erbanfall erlebt haben.[1]) Scheinbar ist dadurch das Princip der Parentelenordnung, dass es innerhalb der einzelnen Parentel auf die Gradesnähe ankomme, beseitigt, da ja der Urenkel des Stammhalters dem Sohne desselben vorgehen kann, oder wie die englischen Quellen sagen, der Nächste jure propinquitatis durch den Nächsten jure repraesentationis ausgeschlossen wird. Diese Abweichung ist aber auch nur eine scheinbare. Die Gradesnähe kommt ja doch in Betracht. Die Kinder erben jure parentis, als Repräsentanten desselben im wahren Sinne des Wortes, als Erben seines nicht realisirten Erbanspruchs und nicht kraft eigenen Rechts.[2]) Soweit Theilung statthaft ist, theilen sie nicht nach Köpfen, sondern in Vertretung der Linie, der sie angehören. Die Repräsentation erstreckt sich auch auf den Werth des Blutes. Der Sohn einer Tochter des Erblassers erbt nach den für die Erbfolge einer Tochter geltenden Grundsätzen, wenn er als Repräsentant derselben in Frage kommt. Bei einer reinen Linealerbfolge, welche auf den Unterschied der Grade gar keine Rücksicht nimmt, wäre ein solches Vorgehen unstatthaft. Bei dieser kann überhaupt von einem Repräsentationsrechte nicht die Rede sein, da es in einer Linie, wo der Grad nicht maassgebend ist, nichts zu repräsentiren giebt. Das Repräsentationsrecht in infinitum hebt also das Princip der Linealgradualordnung nicht auf. Es hat im Gegentheile das Eintrittsrecht eine Rechnung nach Graden zur Voraussetzung, mag nun der Repräsentant bloss loco parentis

---

[1]) Vergl. den Satz des Talmud, welcher, nebenbei gesagt, ebenfalls die Parentelenordnung kennt: Die Nachkommen eines Jeden, der in der Erbschaft der Nächste ist, sind ebenfalls die Nächsten. Gans, Erbr. I, 154.

[2]) Cf. Bracton II, c. 30, §. 2, f. 64b.

oder, wie es nach anglonormannischem Rechte der Fall ist, auch jure parentis succediren.

DER GESCHLECHTSVORZUG.

Die dem germanischen Rechte überhaupt eigenthümliche Bevorzugung der männlichen Verwandten kommt auch im anglonormannischen Rechte zur Durchführung. Nach Glanvilla *generaliter verum est quod mulier nunquam cum masculo partem capit in hereditate aliqua,*[1]) ein Satz, der nur in einzelnen lokalrechtlichen Gewohnheiten eine Ausnahme findet. Bracton:[2]) *nunquam enim ad successionem vocatur foemina, quamdiu aliquis haeres superfuerit ex masculis.* So allgemein aber auch diese Stellen klingen, eine unbedingte Zurücksetzung der Weiber ist damit nicht ausgesprochen. Denn sowol nach Glanvilla als nach Bracton gehen die weiblichen Descendenten allen Collateralen vor. Unter diesen sind wieder die Schwestern vor den Elterngeschwistern zum Erbe berufen, und von diesen folgen die Schwestern der Eltern unmittelbar nach den Brüdern der Eltern und deren Descendenz, also vor den männlichen Verwandten der nächst höheren Parentel.[3])

Der Geschlechtsvorzug ist demnach auf die einzelne Parentel beschränkt, ohne seine Wirkung über dieselbe

---

[1]) VII, c. 3, §. 6,

[2]) fol. 65.

[3]) Bracton 65: *Item eodem modo facit linea haeredem propinquiorem feminam in linea recta descendentem et excludit masculum in linea transversali.*

Und Bracton l. c. *Habito respectu ad communem antecessorem talium, de quo hereditas descendit, jus proprietatis nunquam respiciet foeminam dum tamen ibi masculus fuerit vel proveniens ex masculo.*

hinaus zu erstrecken. Durch die Verbindung des Repräsentationsrechtes mit dem Geschlechtsvorzug wurde daraus ein Vorrecht der männlichen Linien vor den weiblichen Linien derselben Parentel.

Der Geschlechtsunterschied äussert sich ferner in dem Vorzug der männlichen Ascendenten und der durch sie vermittelten Verwandtschaft vor den weiblichen Ascendenten und den Verwandten von dieser Seite her. Es geht also der Vater der Mutter vor, der Grossvater der Grossmutter und so weiter, wenn überhaupt Ascendenten zum Erbe gelangen, und soweit nicht das Erforderniss der Abstammung vom ersten Erwerber sich geltend macht. Britton: *et si frere ne suer ne nule issue de eus ne perge,*[1]) *adounc serra le commun piere ou la commune mere, si le piere soit mort et nul autre soit trové en nul degré plus pres devers le piere et issi de touz les autres degrez countremount.*[2]) Was vom Vater, gilt auch von der väterlichen Verwandtschaft im Verhältniss zur Mutter und den mütterlichen Verwandten. Wie in der zweiten Parentel zwischen Vater- und Mutterstamm, muss dann in der dritten zwischen dem Stamme des väterlichen Grossvaters, der väterlichen Grossmutter, des mütterlichen Grossvaters und der mütterlichen Grossmutter unterschieden werden. Mit jedem Grade weiter aufwärts verdoppelt sich die Spaltung der Ascendentenstämme.

---

[1]) apparet.

[2]) l. VI, c. 2. §. 12. Nichols II, 319.

DIE ABSTAMMUNG VOM ERSTEN ERWERBER.

'Jedes Lehen erscheint ursprünglich als eine Verleihung sub modo, wonach eben das Gut nur an die Leibeserben des Erwerbers übergehen konnte, nicht aber an Ascendenten oder Collateralen'[1]). Ein Neulehen erbte demnach ursprünglich nur auf Descendenten. In das Erblehen aber konnten nur jene folgen, welche vom Blute des ersten Erwerbers abstammten. Die Anwendung dieser Grundsätze musste, wenn nicht zur Ausbildung, doch zur Befestigung der Parentelenordnung wesentlich beitragen. Man veranschauliche sich nur den Process der Umwandlung eines feudum novum in ein feudum antiquum. Wenn das Neulehen in den Erbgang kommt, erweitert sich der Kreis der Erbberechtigten von Erbfall zu Erbfall nothwendiger Weise in der Folge der Parentelenordnung. In das Neulehen erbt nur die erste Parentel, die Descendenz des Beitzers. Das feudum paternum kann schon auf die zweite Parentel übergehen. Stirbt nämlich der Sohn des ersten Besitzers ohne Leibeserben, so erben die Abstämmlinge seines Vaters, des ersten Erwerbers mit Ausschluss der dritten Parentel. Nach dem Tode des Enkels des ersten Besitzers erscheint auch die dritte Parentel als erbberechtigt, während die 4. noch ausgeschlossen ist u. s. f.

Das Erforderniss der Abstammung vom ersten Erwerber erhielt sich, auch als man für die Perquisita Collateralenfolge zuliess. Consequenz dieses Satzes ist u. a. dass die mütterlichen Verwandten nicht in ein feudum antiquum folgen können, das vom Vater her auf den Erblasser ge-

[1]) Gundermann, Engl. Priv. R. 158.

kommen ist und umgekehrt.[1]) Von einer Concurrenz männlicher und weiblicher Ascendentenstöcke konnte demnach keine Rede sein bei einem Erblehen, bezüglich dessen der Erbgang vom ersten Erwerber auf den Erblasser nachweisbar war. Das feudum paternum fiel in Ermangelung des Vaterstammes, das feudum maternum in Ermangelung des Mutterstammes an den Lehnsherrn zurück. Der Widerspruch, welcher darin lag, dass man zwar bei feudis perquisitis die Collateralenfolge zuliess, dagegen bei feudis antiquis auf die Abstammung vom ersten Erwerber sah,[2]) wurde formell dadurch beseitigt, dass man sagte, das erworbene Gut wird juristisch als Erbgut von unbestimmter Zeit her behandelt. Für diesen Fall muste dann der Vorzug der männlichen Ascendentenstämme vor den weiblichen praktisch werden.

DAS NORMANNISCHE ERBFOLGESYSTEM.

Die Quellen des normannischen Rechtes reichen nicht so hoch hinauf wie die seines Tochterrechtes. Hauptquelle ist die Somma de legibus consuetudinum Normannie, in den französischen Texten Grand Coutumier de Normandie genannt,[3]) ein mustergiltiges Rechtsbuch, welches nach

---

[1]) Vgl. den Satz des franz. Rechts: *Les propres retournent aux plus prochains parens du côté dont ils sont venus au défunt; qui est ce qu'on dit: paterna paternis, materna maternis.* Loysel Institutes coutumières I, 335.

[2]) Es ist bezeichnend, dass Britton bei Erblehen eine Erbfolge auch in Fällen zulässt, in welchen der Erbe nicht vom ersten Erwerber abstammt. Näheres Eingehen auf diesen Punkt würde hier zu weit abführen. Vgl. übrigens die Note von Nichols, Britton II, 317, c.

[3]) Sie ist in lateinischem und französischem Texte erhalten, von welchen der erstere der ursprüngliche ist. Den zugänglichsten lateini-

1260 wahrscheinlich vor 1275 und jedenfalls vor 1280 abgefasst und im 14. oder 15. Jahrhundert glossiret worden ist. Der Verfasser der Glosse ist ebensowenig bekannt, als der des Rechtsbuches selbst. Älter als die Somma ist eine Compilation über normannisches Recht, welche in ihrem lateinischen Texte unter dem Titel Statuta et Consuetudines von Warnkönig franz. Staats- und Rechtsgesch. Urkundenbuch II, in ihrem französischen Texte von Marnier (Établissements et Coutumes de Normandie) veröffentlicht worden ist.[1]) Sie besteht aus zwei Hauptbestandtheilen, einem Tractate, welcher bald nach 1218 entstand und einer Rechtsaufzeichnung, welche wol noch vor der Vereinigung der Normandie mit Frankreich verfasst wurde. Für das Erbrecht bieten die Stat. et Consuet. geringere Ausbeute. Der Schwerpunkt der Untersuchung fällt in die Somma de legibus.

Auch in der Normandie hat sich das Erbrecht bezüglich des Grundbesitzes unter dem Einfluss des Lehnwesens gestaltet.

Grundbesitz und Lehen sind zur Zeit der Somma identische Begriffe. Wenn der Besitzer ohne erbberechtigte

---

schen Text bietet Ludewig Reliquiae manuscriptorum VII. Doch ist der Abdruck so ungenau, so voll von sinnstörenden Fehlern, dass bei Benutzung desselben grösste Vorsicht nöthig wird. Der französische Text findet sich u. a. bei Bourdot de Richebourg Coutumier général IV. Ausser diesen Texten, nach welchen ich im Folgenden citire, wo nicht das Gegentheil bemerkt wird, standen mir zwei bessere Texte, ein lateinischer und ein französischer zur Verfügung in einer Ausgabe des Grand Coutumier von 1523 (Paris, Francoys Regnault). Da die alten Drucke des Gr. Cout. in Deutschland fast gar nicht, in Frankreich selten zu finden sind, glaubte ich mir für die Regel Citate aus dieser Ausgabe versagen zu müssen, abgesehen von der Glosse, von der kein neuerer Abdruck existirt. Ein gereimter französischer Coutumier findet sich bei Houard, Dictionnaire de la Coutume de Normandie IV.

[1]) Beide Editionen sind durchaus unbefriedigend.

Verwandtschaft verstirbt, so fällt das Gut an den Herrn zurück.[1]) Die Nachfolge in das Lehen ist entweder Successio directa oder Successio indirecta, je nachdem Jemand in linea recta oder de parentela extra lineam rectam succedirt. Die Somma unterscheidet ferner bei Darstellung der Erbfolge zwischen Erblehen (successio feodalis) und erworbenem Gut (successio in acquisita), eine Auffassung, welche das normannische Recht mit dem französischen gemein hat, während die anglonormannischen Rechtsbücher dieser Unterscheidung geringeres Gewicht beilegen.

A. Erblehen.[2]) In ein solches erbt nur Derjenige, welcher vom Blute des ersten Erwerbers herstammt. Dem Erblasser (Vater oder Mutter) folgt zunächst der erstgeborene Sohn und wenn dieser vorverstorben ist, *omnes qui primo nati sunt in eadem linea consanguinitatis constituti.* Ist niemand aus der Linie des Erstgeborenen vorhanden, so kommt der nächstgeborene Sohn und seine Descendenz an die Reihe und so weiter, so lange Abstämmlinge des Erblassers vorhanden sind. *Propinquior autem heres patris est filius primogenitus et in eadem linea succedentes. Hac autem delata linea propinquior est secunda et sic de aliis lineis.*[3])

Wenn der Erblasser ohne Leibeserben stirbt, so tritt successio indirecta ein. Für diese gilt die Regel: *In successione indirecta semper recurrendum est ad stipitem ut propinquior in genere in stipitis linea successionem habeat*

---

[1]) *dominus homini suo (succedit), si de consanguinitate, ex qua descendit hereditas, haeredem non habeat remanentem.* Somma II, c. 26, §. 2.

[2]) Somma I, cap. 26, §. 12 ff,

[3]) Somma II, 35, §. 1. Man darf nicht wie Schäffner, Rechtsverfassung Frankreichs III, 373 mit dieser Stelle allein die Parentelenordnung beweisen wollen, da linea hier nicht die Parentel im Sinne der Par. O. sondern eine Unterabtheilung derselben bedeutet.

feodalem.[1]) Des Ferneren greift hier die Rücksicht auf den Ursprung des Lehensverhältnisses und dessen frühere Vererbung ein, indem, entsprechend dem Erforderniss der Abstammung vom ersten Erwerber, nur väterliche Seitenverwandte in das väterliche Lehen succediren, nur mütterliche in das von dieser Seite herstammende Gut. Demnach folgt zuerst der älteste Bruder des Erblassers, doch erbt das mütterliche Lehen nicht auf den Halbbruder von Vaters Seite und umgekehrt.

Si vero fratres defuerint, et eorum linee, redit ad patrem (successio) ex quo linee processerunt.

Si autem defuerit, redit ad fratres ipsius patris, qui avunculi sunt possessoris. Si autem avunculi defuerint et eorum linee, redit ad avum.

Et similiter intelligendum est de superpositis in linea consanguinitatis.

Ein moderner Parentelist könnte die Par. O. nicht durchsichtiger darstellen wollen, als sie in diesen Sätzen enthalten ist. Die Erbfolge gliedert sich deutlich in Descendenzen, die sich um ihre Stammeshäupter gruppiren. Auf die Parentel des Erblassers folgt die seines Vaters, dann die des Grossvaters u. s. f. Innerhalb der einzelnen Parentel erbt im Principe und abgesehen von anderen maassgebenden Momenten derjenige, welcher propinquior in genere ist. Die Häupter der einzelnen Parentelen schliessen die Reihenfolge der Erben aus denselben ab. Sie stehen hinter ihren Descendenten, gehen aber den Descendenten der nächsthöheren Parentel voraus. Die Eventualität einer Erbfolge der Ascendenten erklärt sich nicht aus den Hinweis auf erworbenes Gut — denn die Acquisita werden in

---

[1]) Somma I, 26, §. 24. Die Worte: *Si quis fratrum decesserit vel soror* bei Ludewig gehören zu §. 23 hinauf.

der Somma besonders behandelt — noch aus einem etwaigen feodum maternum, da Abstammung vom ersten Erwerber verlangt wird, sondern aus dem häufig vorkommenden Falle der forisfamiliatio (Abschichtung), durch welche der Sohn schon bei Lebzeiten des Vaters in den Besitz eines Lehens gelangte. Dass solche Abschichtungen in der Normandie, wo ebenso wie in England ein grosser Grundbesitz in den Händen einer nicht sehr zahlreichen Eroberungsaristokratie vereinigt war, häufig stattfanden, beweist der Titel der Somma: *de donis factis filiis a patribus I*, 36.[1])

Wie mit der englischen Parentelenordnung ist auch mit der normannischen die Primogeniturfolge verbunden. Der Erstgeborene ist stets dem Lehensherrn gegenüber Vertreter des Lehens, an den sich dieser wegen der Lehensdienste zu halten hat. Das Verhältniss zwischen den Brüdern gestaltet sich verschieden, je nachdem das Erbobject gesetzlich theilbar ist oder nicht. Als untheilbar gelten zu Folge herzoglicher Satzung die Baronie, das fief de hauberc und die serjanterie du duc. Jedes andere Erbobject wird unter den Brüdern getheilt (vaivassoria, laicum tenementum, burgensia). Trotz der Theilung aber wird die Einheit der Lehenssuccession dem Lehensherrn gegenüber aufrechterhalten. Nur der Erstgeborene wurde mit dem ganzen Gute belehnt und die Nachgeborenen traten für ihre Antheile in ein Subinfeudationsverhältniss zu ihrem ältesten Bruder, welches Paragium hiess. Hatte der Erblasser eine der Anzahl der Söhne entsprechende Anzahl von Lehen, so traten die Nachgeborenen nicht in das Verhältniss des Paragiums ein. Eine Afterleihe war in diesem Falle überflüssig. Gelangen weibliche Verwandte zur Succession, so

---

[1]) Vergleiche die Auseinandersetzung oben Seite 23 ff.

wird unter ihnen das Gut zu gleichen Theilen getheilt, und zwar auch dann, wenn es seinem Charakter nach bei männlicher Erbfolge untheilbar wäre. Ueber den Vorgang bei der Auseinandersetzung mehrerer Erben enthalten die älteren normannischen Quellen eine reiche Fülle peinlich genauer Theilungsregeln, auf welche hier nicht näher eingegangen werden kann.

Das Repräsentationsrecht ist zur Zeit der Somma bereits vollständig entwickelt. Es gilt im Allgemeinen der Satz: *filius ad saisinas habendas omnes quas pater eius si viveret, haberet, per propinquitatem generis est admittendus.*[1]) Nur bei einer Concurrenz zwischen Sohnessohn und Sohn des Erblassers war das Eintrittsrecht auf Grund einer reprobanda consuetudo ausgeschlossen, que non de iure vel consuetudine sed vi et oppressione potentun fuit introducta.[2])

Die Établissements enthalten zwei Stellen über diese Frage, welche offenbar nicht von demselben Autor herrühren. Die eine spricht von der Ausschliessung des Sohnessohns durch den nachgeborenen Sohn, *si comme il avint del roi Jehan d'Engleterre et de moult autres* und bemerkt hiezu: *e cist jugemenz est très faus.*[3]) In der anderen dagegen wird das Eintrittsrecht klar und bündig negirt. *Se il avient que père et mère aient filz ou filles de que li premiers ou li seconz praingne fame et ait emfanz et il n'ot omques nule partie de terre el vivant som père et sa mère et il muert einssi, si emfant n' auront pas l'eritage leur aiel ainz l' auront li autre emfant, jà soit*

[1]) Somma II, 35, §. 3.

[2]) S. I; 26, §. 6, II, 35, §. 2 ff., Statuta et Consuet. Warnk. II, 9.

[3]) Marnier 13, De la partie as Neveuz. Johann der jüngste Sohn Heinrichs II. concurrirte mit Arthur dem Sohne seines verstorbenen Bruders Gottfried, als der Thron durch den Tod seines Bruders Richard erledigt war.

ce que il sont puis né que li pères à cez n'estoit, quar li fill sont plus près de l'éritage leur père que li neveu.[a]) Wenn beide Aussprüche nicht vom selben Verfasser herrühren, was wol kaum einem Zweifel unterliegen dürfte, so kann nur die letztangeführte die ältere sein, während die andere sich schon durch ihre historischen Ungenauigkeiten[1]) als ein Einschiebsel aus der Zeit nach der Vereinigung der Normandie mit Frankreich zu erkennen giebt.

Frauen und Abkömmlinge weiblicher Linie stehen hinter den Männern und Verwandten der männlichen Linien innerhalb derselben Parentel[2]) zurück. *Procreati ex feminarum linea vel femine cuccessionem non retinent, dum aliquis remanserit de linea masculorum.* So können z. B. die Töchter aus der Erbschaft ihres Vaters den Brüdern gegenüber keinen Erbschaftsantheil verlangen, sondern nur einen Anspruch auf Mitgift (Maritagium) erheben.

Der Unterschied zwischen Vollblut und Halbblut findet nach normannischem Rechte keine Berücksichtigung,[3]) soweit nicht der Grundsatz paterna paternis, materna maternis eingreift.[4])

Et notandum est quod linea consanguinitatis usque ad gradum septimum se extendit,[5]) oder wie der gereimte Coutumier sagt:

---

a) Marnier 24, De partie de frères.

[1]) Nachdem von König Johann die Rede gewesen, heisst es: *e après el tens de la guerre, quant li rois Richarz estoit em possession de la terre* ... Ueber Charakter und Entstehungszeit der Statuta et Consuetudines denke ich mich anderwärts in eine Untersuchung einzulassen.

[2]) f. Mathew Hale l. c, p. 305: *On equality of degrees in collateral descents, the male line is prefered before the female.*

[3]) Weder bei Erblehen noch bei Perquisitis.

[4]) Somma I, c. 26, §. 23, §. 19, §. 24.

[5]) Somma I, c. 26; §. 18.

Ligne de sang, chose est seure,
Jusqu' à septième degré dure.

Die Glosse glaubt diese Bestimmung dahin ergänzen zu müssen, dass sich dieses nur auf die Collateralen beziehe, nicht auf die ligne droicte. *Car il n'y a point de fin et s' estent la dicte ligne droicte usque in infinitum, se tant pouvoit procéder.* Ueber die Art der Berechnung giebt uns gleichfalls die Glosse näheren Aufschluss, dem zufolge hiebei die canonistische Computation anzuwenden sei.[1])

Nicht blos in Bezug auf das Erbrecht, noch in einem andern Punkte äussert sich nach normannischem Rechte das Ende der Verwandtschaft. *Tenent postnati de antenatis suis (in paragio) quousque ad sextum gradum pervenerint in consanguinitatis linea constituti. In illo tamen gradu tenentur fidelitatem facere antenato. In septimo autem gradu homagium (facere tenentur) et exinde, quod per paragium prius tenebatur, per homagium ulterius*[2]) *tenebitur.*[3]) Das Paragium unterscheidet sich vom eigentlichen Lehnsverhältniss unter anderem dadurch, dass kein Homagium geleistet wird, da man voraussetzt, dass es unter Verwandten eines derartigen Bindemittels nicht bedürfe. Das Paragium dauert nun zwischen den Descendenten des Erstgeborenen und den Abkömmlingen des Paragierten so lange fort, bis die Verwandtschaft ein Ende nimmt, d. h. bis der Repräsentant einer der beiden Linien durch mehr als sechs Zeugungen vom gemeinschaftlichen Stammvater entfernt ist. An Stelle des Paragiums tritt dann

---

[1]) Et doit on savoir que selon la coustume du pays de Normendie len conte les degrez en ligne collateral selon les canonistes. Car deux frères font le premier degré, come dit est et succedent lung a lautre iusques au septiesme degre icel uy exclus. Glosse zu Gr. C. ch. 25.

[2]) Das 'non' bei Ludewig ist zu streichen. Ausgabe von 1523.

[3]) Somma I, c. 30, §. 11.

das Homagium. Lehnsherr und Lehnsträger müssen sich nun bei der Lehnserneuerung pour recopuler l'amour den Kuss reichen zum Zeichen des eingegangenen Treuverhältnisses, das nicht mehr der Verwandtschaft willen stillschweigend vorausgesetzt werden kann.[1])

B. Erworbenes Gut. Bezüglich der Acquisita stellt die Somma den Grundsatz auf: *Les conquestz viennent au plus prouchain du lignage*[2]). Ueber die Anwendung dieses Princips giebt die Glosse näheren Aufschluss. Bei erworbenem Gut kommt, wie dies in der Natur der Sache liegt ein Droit de retour nicht in Betracht. Der Ascendent erbt also nur in seiner Eigenschaft als nächster Verwandter, nicht weil das Erbe von seiner Seite an den Erblasser gelangt ist. Doch gelangt der Geschlechtsvorzug auch hier zur Geltung, insofern die Verwandten von einem weiblichen Ascendenten her den Verwandten der männlichen Stämme bei gleichem Verwandtschaftsgrade weichen. *Se cil (le plus prouchain du lignage) du pere et c'il de la mere estoient en vng mesme degre deligne, celuy du pere l'emporteroit pur dignite et n'y auroit rien celuy de la mere.*[3]) Dagegen geht der nähere mütterliche Verwandte dem entfernteren väterlichen Verwandten vor, da ja das Gut ad propinquiorem generis kommen soll.[4])

Die officiell redigirte Coutume der Normandie von 1583 legt den Schluss nahe, dass bei der Erbfolge in Acquisita das Repräsentationsrecht, wenn nicht vollständig

[1]) *en signe et demonstrance d'amour, qui n'y est plus par raison de ligne.* Glosse zu Grand Coutumier ch. 30, Ausg. von 1523. fol. 44.

[2]) Grand Cout. de Norm. ch. 25.

[3]) Glosse zu Grand Coutumier ch. 25. Ausg. von 1523 fol. 36, Columne a.

[4]) Somma I, c. 6, §. 22.

ausgeschlossen, so doch beschränkt war.[1]) Denn noch damals wurde die Bestimmung aufgenommen, dass in der Seitenlinie eine Repräsentation nicht über den ersten Grad hinaus zulässig sei. Das Repräsentationsrecht war also, da den 1. Grad die Geschwister einnehmen, auf die ersten zwei Parentelen beschränkt. Nach dem Gange, den die Entwickelung des Eintrittsrechts im allgemeinen nahm, ist es nicht wahrscheinlich, dass diese Beschränkung neueren Ursprungs sei. Näher liegt die Vermuthung, dass ein Repräsentationsrecht bei der Erbfolge in Acquisita zur Zeit der Somma überhaupt, oder vielleicht in der Seitenverwandtschaft nicht existirte.

Eine weitere Besonderheit der Erbfolge in Acquisita, welche uns aber nicht näher berührt, besteht darin, dass hier bei der Erbtheilung andere Theilungsgrundsätze in Anwendung gelangen, als bei feodis antiquis. Im übrigen treten dieselben Grundsätze der Erbfolgeordnung ein, wie beim Erblehen. Die Uebereinstimmung zwischen dem anglonormannischen und normannischen Rechte hier im Einzelnen besonders hervorzuheben scheint mir überflüssig. Sie springt bei einer Vergleichung beider Abschnitte von selbst in die Augen.

DIE PARENTELENORDNUNG IN DEN COUTUMES DER BRETAGNE.

Zum Schluss möge anhangsweise noch das alte Erbrecht der Bretagne als Zeuge für die Existenz der Parentelenordnung auftreten. Es sind hauptsächlich drei Rechts-

[1]) Art. 304, Bourdot de Richebourg Coutumier général IV, 75. Vgl. die Note e loco cit.

denkmäler, welche uns die Kenntniss des bretonischen Rechtes vermitteln. Ein Rechtsbuch, von einem unbekannt gebliebenen Juristen verfasst, welches eine sehr ausführliche Darstellung der Coutume bietet und vermuthlich im 14. Jahrhundert, nach anderen im 13. Jahrhundert entstanden ist. Sei dem wie immer, jedenfalls steht fest, dass der Inhalt dieses Rechtsbuches zum Theil der ältesten Zeit des Landes angehören muss.[1]) Die allgemeine amtliche Redaction der Coutumes, welche seit Ende des 15. Jahrhunderts in Frankreich ins Werk gesetzt wurde, brachte der Bretagne 1539 eine officiell redigirte Coutume, welche 1580 einer neuen von Amtswegen reformirten Coutume Platz machte.[2])

In die Fahrhabe und in das erworbene Gut des kinderlosen[3]) Erblassers succediren Vater und Mutter oder Ein Elterntheil allein, wenn der andere vor dem Erblasser gestorben. *Et pour ce fust il establi de droit, à la fin de les conforter de la douleur, quils ont de leurs enfans.* Sind beide Elterntheile todt, so gelangen Meubles und Acquêts à leurs hoirs prochains, das heisst zur Hälfte an den Vaterstamm, zur Hälfte an den Mutterstamm. Das Erbgut dagegen fällt auf jene Seite von der es gekommen, also an den Vater respect. die väterlichen Verwandten oder an die Mutter, beziehungsweise die mütterlichen Verwandten.[4])

---

[1]) Warnkönig, franz. St. u. R. G. II, 38.

[2]) Die très ancienne Coutume findet sich in sehr mangelhaftem Abdruck (Varianten stehen im Texte) bei Bourdot de Richebourg N. Cout. général IV. Daselbst auch die ancienne Coutume von 1539 und die Reformation von 1580.

[3]) Sind Descendenten da, so fällt nach bretonischem Recht, gerade so wie nach Glanvilla VII, 5, ein Drittel der Fahrniss an die Frau, ein Drittel an die Kinder, ein Drittel gehört dem Todten, d. h. es wird zum Trauergottesdienste und zur Erfüllung eines etwaigen letzten Willens verwendet.

[4]) Très ancienne Coutume, Art. 219, B. d. R. IV, 250.

Die Erbfolge, welche über Vater und Mutter hinausgeht, wurde dem bestehenden Gewohnheitsrechte entsprechend in Artikel 566 der Coutume von 1539 [a]) auf Begehren der bei der Redaction betheiligten Stände [1]) in folgender Weise festgestellt: *Et si le decedé n'a pere ne mere mais seulement ayeul ou ayeulle et freres et soeurs, lesdits freres et soeurs ou ceux qui les representent,* [2]) *excluent les ayeul et ayeulle ausdits acquests et meubles.* Artikel 594 der Coutume von 1580 führt uns um eine Parentel weiter durch den Zusatz [3]): *Et ou le decedé n'auroit frere n'i soeur ne autres qui les representent, l'ayeul ou ayeule prefereront les oncles et autres collateraux en leur estoc.* [4]) Während nach englischem Recht (Britton ausgenommen) die Ascendenten völlig ausgeschlossen sind, während sie nach normannischem Rechte und bei Britton erst nach den Descendenten ihrer Parentel zum Erbe gelangen, nehmen sie in der Coutume der Bretagne die ihnen nach der Parentelenordnung gebührende Stelle an der Spitze der Parentel ein. Die angeführten Belege geben uns die Erbfolge nur für drei Parentelen, indem sie zuerst die Descendenz des Erblassers, dann dessen Eltern, dann die Geschwister und Geschwisterdescendenz, ferner die Grosseltern und zuletzt die Oheime und Tanten des Erblassers zum Erbe berufen. Es wird aber gewiss nicht zu kühn erscheinen, wenn wir von diesen Anhaltspunkten ausgehend die Erbfolge für die entfernteren Verwandten dem Parentelensystem entsprechend ergänzen.

a) Bourdot de Richeb. IV, 322 col. a.

1) Vgl. Procès verbal B. d. R. IV, 534.

2) *les dits freres ou soeurs en leur estoc seulement ou ceux qui les representent excluront etc.* Cout v. 1580.

3) Cf. Procès verbal B. d. R. IV, 451.

4) B. d. R. IV, 399.

Nicht ohne Grund hat man bisher gegen die Parentelenordnung geltend gemacht, dass in den Quellen eine durchschlagende Belegstelle für dieselbe nicht nachgewiesen werden könne, ein Einwurf, welcher durch die Entgegnung, dass die Quellen jenes System stillschweigend voraussetzen, nicht definitiv beseitigt werden kann. Wie kommt es denn doch, so argumentirt Gerber[1]) gegen die Par. O., dass eine so tief gehende Volksansicht nicht wenigstens einmal einen wirklich klaren Ausdruck gefunden hat, was man doch bei einem so einfachen und charaktervollen System, das nicht existiren konnte, ohne dass man sich seines Wesens bewusst war, sicher erwarten müsste. Ich glaube im Vorausgehenden für das anglonormannische, das normannische Recht und für die Coutume der Bretagne, drei Rechte von unbestritten germanischem Ursprunge, die Parentelenordnung durch wirklich klare Quellenaussprüche erwiesen zu haben.

Gerbers Frage darf also hinfür von den Gegnern der Parentelenordnung, wenn sie vorsichtig sein wollen, nicht mehr aufgeworfen werden, und eines der Hauptargumente gegen die Existenz dieses Erbfolgesystems wäre demnach beseitigt oder doch mindestens abgeschwächt.

[1]) System des deutschen Privatrechts 651.

EXCURS

ÜBER

DIE ÄLTEREN NORMANNISCHEN

COUTUMES.

Bei Darstellung des normannischen Erbfolgesystems war es nothwendig mit Rechtsquellen zu operiren, 'deren Charakter und Entstehungszeit durch die rechtshistorische Kritik bisher noch nicht mit Sicherheit festgestellt worden sind. Um von dem Ziele der Untersuchung nicht allzuweit abzuschweifen, habe ich mich oben darauf beschränkt, meine Ansichten über diese Rechtsdenkmäler vorläufig ohne alle Beweisführung kurz zusammenzufassen. Das Ergebniss der vorausgehenden Abhandlung hängt aber zum Theil wesentlich von der Richtigkeit dieser beweislos hingestellten Sätze ab. Namentlich aus dem Charakter der Statuta et Consuetudines Normanniae wurden Schlüsse gezogen, welche für das historische Verhältniss der normannischen Parentelenordnung zur Primogeniturfolge und zum Repräsentationsrechte von grundlegender Bedeutung sind. Um diesen Schlussfolgerungen ihre sichere, quellengeschichtliche Basis zu geben, sei es gestattet, nachträglich den Charakter und die Entstehungszeit der Statuta et Consuetudines zu erörtern. Eine kurze Betrachtung über die wichtigste normannische Rechtsquelle, die Somma de legibus consuetudinum Normanniae möge sich dem anschliessen. Von vornherein glaube ich nicht verhehlen zu dürfen, dass es processualische Fragen waren, die mich zuerst zu einer Untersuchung dieser Rechtsdenkmäler drängten, wesshalb es denn auch vorzugsweise processgeschichtliche Argumente sind, auf welche die folgende Beweisführung sich stützen wird.

A) DIE STATUTA ET CONSUETUDINES NORMANNIAE.

Unter dem Titel *Établissements et Coutumes, Assises et Arrêts de l'Échiquier de Normandie au treizième siècle* (1207—1245) veröffentlichte Marnier 1839 drei normannische Rechtsquellen verschiedenartigen Charakters. Die erste besteht in den Statuta et Consuetudines, die das Object der gegenwärtigen Untersuchung bilden. Die zweite sind die Assisiae Normannie, eine Privatsammlung von Urtheilssprüchen, welche 1234—1237 in den Gerichtssitzungen (Assises) von Caen, Bayeux, Falaise, Exmes und Avranches gefällt wurden. Die dritte ist eine auszugsweise Bearbeitung einer Sammlung von Urtheilen des Échiquier aus den Jahren 1207—1246 [1]. Marnier gab von all diesen

[1]) Zur Charakterisirung dieser Sammlung, auf welche wir uns im Folgenden öfter werden beziehen müssen, dürften nachstehende Andeutungen nicht unwillkommen sein. Schon im 12. Jahrhundert herrschte nachweisbar im normannischen Échiquier die Gepflogenheit, über gerichtliche Acte amtliche Aufzeichnungen zn führen, selbe, wie der technische Ausdruck lautet, inrotuliren zu lassen. Vergl. die Belege bei Delisle Recueil de jugements 268 aus den Jahren 1180, 1184, 1195, 1196. Der dem normannischen Gerichtswesen eigenthümliche Recognitionsprocess (eine Beweisjury in Civilsachen) machte die Anwendung von Gerichtsschreibern und die Einführung eines geordneten Kanzleiwesens nothwendig. Schon der ältere Theil der Stat. et Consuet. sagt anlässlich der Recognitionen: *omnes vero questiones et nomina juratorum scripta sunt in assisia in rotulis, qui bene et fideliter conservantur.* Und an einer anderen Stelle: *Rotuli conservantur ad contenciones deprimendas de rebus in assisia diffinitis.* Wenn daher die Normandie für das 12. Jahrhundert keine den Rotuli curiae regis Englands (vergl. darüber v. Holtzendorff's Encycl. der Rechtswiss. S. 219) analoge Sammlung aufzuweisen hat, so liegt der Grund nicht etwa darin, dass die officielle Protocollirung von Urtheilen der damaligen normannischen Gerichtspraxis fremd gewesen wäre. Die uns erhaltenen fortlaufenden Originalregister des Échiquier beginnen freilich erst mit dem Jahre 1336. Allein für das 13. Jahrhun-

Quellen nur einen französischen Text. Warnkönig hat dann im zweiten Bande seiner französichen Staats- und Rechtsgeschichte einen lateinischen in Einzelheiten häufig abweichenden Text der drei genannten Rechtsdenkmäler publicirt, indem er sie unter der gemeinsamen Bezeichnung: Quellen des alten Coutumier's der Normandie, zusammenfasste.

Bisher hat man die Statuta et Consuetudines im Wesentlichen für ein einheitliches Werk gehalten, wenn auch manche das compilatorische Gepräge der überlieferten Redactionen nicht verkannten. Gundermann, Ueber die Einstimmigkeit der Geschworenen und Delisle, Mémoire sur les Recueils de Jugements rendus par l'échiquier de Normandie [1]), behandeln die Établissements als einheitliche Rechtsquelle, ohne sich jedoch über ihre Natur des Näheren auszusprechen. Was Marnier, der erste Heraus-

dert ist die Existenz derselben durch Délisle, Mémoire sur les Recueils de Jugements rendus par l'échiquier de Normandie mit durchschlagenden Gründen bewiesen worden. Höchst wahrscheinlich stammen diese officiellen Register von der Hand des Guillaume Acarin († 1235—1245), welcher als Clerk des Échiquier für die Registrirung der gerichtlichen Acte thätig war. Auf diese verschollene authentische Sammlung sind vier Privatsammlungen von Urtheilen des Échiquier zurückzuführen, die uns noch erhalten sind. Delisle hat aus diesen vier Compilationen mit Zuziehung einiger anderer minder wichtiger Quellen für die Zeit von 1207—1270 nicht weniger als 834 Urtheile des Échiquier zusammengestellt in seinem Recueil de Jugements de l'Échiquier de Normandie au XIII. siècle (1207—1270), Paris 1864. Die von ihm in erster Linie benutzte, als Première collection bezeichnete Sammlung kommt dem Originalregister am nächsten. Die anderen drei Sammlungen dagegen, von welchen die zweite bei Léchaudé d'Anisy, Grands Rôles, Mémoires de la société des antiquaires de Normandie T. XV., die dritte bei Warnkönig franz. St.- und R.-G. II. U. B., die vierte bei Marnier abgedruckt ist, liefern einen namhaft abgekürzten Text, indem sie mit Hinweglassung der thatsächlichen Momente nur den juristischen Kern der Urtheile zu fixiren suchen, ein Bestreben, welches die Excerpte oft dunkel und unverständlich macht.

[1]) Im Anhang zu seinem Recueil de Jugements p. 265.

geber sagt, ist völlig ungenügend[1]). Nach Warnkönig ist das Werkchen zwischen 1205 und 1207 abgefasst und soll es ein grosses Weisthum des eben mit den Kronlanden vereinigten Herzogthums der Normandie sein[2]). Auch Biener[3]) sieht darin eine auf besondere Veranlassung bald nach der Besitzergreifung der Normandie von Seiten Frankreichs veranstaltete Sammlung des normännischen Rechtes. Schäffner[4]) äussert sich darüber wie folgt: Wir haben hier eine Rechtsaufzeichnung des 12. Jahrhunderts vor uns und zwar so, wie Philipp August sie einer Redaction oder Revision unterwarf, wenn anders die Nachricht, welche ihm dieses Geschäft zuschreibt, gegründet ist. Auf Grund dieser Autoritäten darf man es wol als die herrschende Ansicht bezeichnen, dass die Stat. et Consuet. in ihrer vorliegenden Gestalt als das Ergebniss einer bald nach 1204/5 vorgenommenen amtlichen Redaction des normannischen Rechts zu betrachten seien.

Ein flüchtiger Einblick in die Rechtsquelle ergiebt, dass dieselbe mit nachträglichen Einschiebseln stark versetzt ist. Legen wir die Sonde an den bei Warnkönig abgedruckten lateinischen Text, welcher mehr enthält, als der französische bei Marnier, und — wenn auch nicht in der dortigen Fassung — als der ältere zu betrachten ist, so sind vor allem folgende Abschnitte als nachträgliche Zusätze auszuscheiden:

1. Das Statutum domini regis super baillivos et vicecomites, servientes et alios ministros suos. Warnk. 3, 4.

---

[1]) Introduction p. XVIII.

[2]) Franz. Staats- und R.-Gesch. II, 46.

[3]) Das Englische Geschwornengericht 40.

[4]) Rechtsverfassung Frankreichs III, 89.

Es ist ein Bruchstück einer Ordonnanz Ludwigs IX. von 1254, der Ordonnance concernant la reforme des moeurs[1]), welche nicht für die Normandie insbesondere, sondern für das ganze Reich erlassen wurde.

2. Alle französischen Stücke, welche in den lateinischen Text bei Warnkönig eingefügt sind und dem französischen Texte bei Marnier fehlen[2]). Sie sind späteren Ursprungs, vielleicht insgesammt Zusätze aus dem Ende des 13. oder aus dem Anfang des 14. Jahrhunderts, wie das für einzelne Stücke aus den darin enthaltenen chronologischen Anhaltspunkten ganz bestimmt hervorgeht[3]).

3. Der Abschnitt: De focagio Normannie, Warnk. 5, eine Aufzeichnung officieller Natur über die Art, eine der Normandie eigenthümliche Abgabe, das Focagium zu erheben. Delisle setzt dieses Stück ungefähr ins Jahr 1210[4]). Es ist in einem der Register Philipp Augusts selbständig registrirt[5]). Als ein Einschiebsel erweist es sich dadurch,

---

1) Ordonnances du Louvre I, 67. Ein französischer Text im Livre de Jostice et de Plett. ed. Rapetti, Append. 335 ff.

2) Also um nur die hauptsächlichsten Stellen anzuführen: Warnkönig
II, 11. Origine du tiers et danger.
„ 14. De Brief de desaisine de veue.
„ 23. Bref de fieu lay.
„ 24. De lai fieu et de aumosne.
„ 25. Zeile 2 von unten: Il est ordené en eschiquier und der folgende Absatz.
„ 26. De Bref d'establie.
„ 34. De Patronage.
De droit de Patronage.
De maner.
„ 35. De eodem.
„ 45. De custodia pupillorum.

4) Warnk. II, 24 erwähnt ein Urtheil von 1299; II, 34 eine Urkunde Philipp's IV. von 1298.

3) Cartulaire Normand 187, im 16. Bande der Mémoires de la société des Antiquaires de Normandie.

5) In jenem, welches Delisle, Actes de Philippe Auguste XIV, mit E

dass es den Zusammenhang der Darstellung in unserer Quelle unterbricht. Unmittelbar zuvor wird der Fall behandelt, wenn die Frau das ihr ausgesetzte Witthum verlangt, während der Gegner leugnet, dass das Streitobject diesen Charakter habe. Unmittelbar nach dem Abschnitt De focagio heisst es: *Si vero sponsus vidue maritagium vel dotem invadiaverit*, ein Satz der sich logisch und stylistisch an die Stelle anschliesst, welche dem Stücke De focagio vorausgeht.

Diese Bestandtheile sind zweifelsohne auszuscheiden, auch wenn man etwa im Uebrigen den einheitlichen und officiellen Charakter der Rechtsquelle aufrecht erhalten wollte. Abgesehen hievon heben sich einige Abschnitte selbständigen Gepräges aus dem Contexte heraus, welche nur als lose in denselben eingefügt erscheinen. Nämlich:

1. Ein Weisthum aus der Zeit König Heinrichs II. [1]) über die herzoglichen Regalien unter dem Titel: Jurea regalis, Warnk. 28. Bezüglich derselben war eine amtliche Inquisitio aufgenommen worden, deren Ergebniss uns in diesem Protocolle erhalten ist. Auch die bei Warnkönig mit selbständigen Ueberschriften versehenen Abschnitte: De vereco, De crasso pisce bis zu dem Abschnitte De treuga infracta exclusive gehören, wie die Textirung ergiebt, diesem Weisthum an [2]).

2. Die Constitutio Henrici primi de treuga infracta

---

bezeichnet. Früher MS. 8408 2, 2, B, der Biblioth. Impériale, fond latin, jetzt Archives de l'Empire J. J. 2 A.

[1]) Es ist von einem König Heinrich schlechthin die Rede. Dass der zweite dieses Namens gemeint ist, ergiebt die Erwähnung des Guillelmus filius Johannis.

[2]) Delisle, Recueil de Jugements 248, verzeichnet ein Mscpt. Bibl. de Rouen Y. 9, 90, wo dieses Weisthum einem lateinischen Texte des Grand Coutumier als Nachhang angefügt ist.

von 1135, W. 29. Warum Marnier in der Note 1, p. 52 für diese Urkunde unter Berufung auf Dom Bessin, Conc. p. 99 das Jahr 1190 ansetzt, ist mir völlig unbegreiflich. Auch wenn das Datum 1135 nicht angegeben wäre, würden wir durch die Namen der Zeugen im lateinischen Texte auf dieses Jahr verwiesen, da sich diese fast alle kurz vor dem Tode des Königs nachweisbar in dessen Umgebung befanden.

3. Die Constitutio Richardi pro clericis et sacerdotibus von la Roche d'Orival [1]). Sie bestimmt u. a., dass über Güter, welche eine Kirche in dreissigjährigem Besitz gehabt, keine Recognitio [2]) stattfinden solle, eine Verfügung, welche nur ein uraltes Recht der Kirchen [3]) gegenüber den Processreformen Heinrichs II. bestätigte. Bald nach dem Regierungsantritte Richards waren über diesen und einige verwandte Punkte zwischen dem Seneschall Guillaume Fitz-Raoul und der Kirche von Rouen Zwistigkeiten ausgebrochen, welche 1191 in Abwesenheit des Königs durch einen vorläufigen Vergleich geschlichtet wurden. Die bezügliche Urkunde findet sich bei Radulfus de Diceto [4]). Jene Constitutio stammt also aus der Zeit nach der Befreiung Richards aus der deutschen Gefan-

---

[1]) Warnk. 30. La Roche d'Orival lag südwestlich von Rouen.

[2]) Die Recognitio (Beweisjury in Civilsachen) ist eine Inquisitio, die in bestimmten gesetzlich feststehenden Formen auf ein herzogliches Inquisitionsmandat hin (ex brevi) vorgenommen wurde. Ueber dreissigjähriges Besitzthum von Kirchen sollte eine minder formelle Inquisitio ohne solches Mandat (ex jure) Platz greifen.

[3]) Es führt dieses Recht auf ein Capitulare Ludwigs des Frommen zurück. Vergl. darüber: Heinrich Brunner, Zeugen- und Inquisitionsbeweis im deutschen Gerichtsverfahren der karolingischen Zeit 1866, Seite 102 ff.

[4]) Twysden, Historiae Anglicanae scriptores. London, 1652, col. 657. Cf. La Pommeraye, Histoire des Archevesques de Rouen 392.

genschaft (1194). Denn es ist nicht anzunehmen, dass zuerst der König die Streitpunkte durch eine Constitution geregelt und dann der Seneschall über denselben Gegenstand mit der Kirche von Rouen einen Vergleich geschlossen habe.

4. Das Weisthum vom 13. November 1205 über die Rechte des Königs und der Barone im Verhältniss zum Clerus. Es bildet bei Warnkönig den Schluss der Statuta et Consuetudines [1]). Die zu Anfang desselben genannten Geschworenen waren, wie sie in dem Schriftstücke selbst sagen, beeidigt worden, *quod jura que Henricus et Ricardus quondam reges Anglie habuerunt in Normannia adversus clerum et apud Lexovium et alibi et jura nostra diceremus.* Was sie hierüber gewusst hätten, das hätten sie auf diesen Eid hin unter Beirath einiger namentlich genannter Juristen niederschreiben lassen. An den Inhalt des Weisthums schliesst sich folgende Mittheilung der Geschwornen an: Da manche von den Baronen der Normandie nicht zugegen gewesen, hätten sie beschlossen, noch ein andermal zusammenzukommen, *si domino regi placeret,* um dann die *jura domini regis et nostra que hic scripta non sunt* auf ihren Eid hin niederzuschreiben.

Gerade dieser letzte Passus mochte den Gedanken nahe legen, dass um dieselbe Zeit eine umfassende Aufzeichnung des normannischen Rechtes veranstaltet wor-

---

[1]) Das Weisthum beginnt daselbst Seite 46 unter der Ueberschrift: De patronage d'Église. Es ist sehr oft selbständig gedruckt. Zuletzt hat es Teulet in den Layettes du trésor des chartes (Archives de l'Empire, Inventaires et Documents) I, 296 nach der Originalurkunde veröffentlicht. Ueber die älteren Drucke vergleiche L. Delisle Cartulaire Normand N. 124. Der Text bei Warnkönig enthält nur die Sätze allgemein rechtlichen Inhalts. Die auf concrete Fälle bezüglichen Aussagen liess der Compilator hinweg.

den sei[1]). Allein die in Aussicht gestellte Rechtsöffnung sollte offenbar nur eine Ergänzung des vorliegenden Weisthums sein. Abzuweisen ist die Ansicht, dass eine allgemeine Aufzeichnung der Coutume angekündigt werden sollte. Nur auf die Beziehungen des Königs und der Barone zum Clerus hatte sich der Eid der Geschworenen bezogen. Nur auf derartiges konnte sich also das versprochene Nachtragsweisthum etwa einlassen. Ob dieses zu Stande kam, wissen wir nicht. Die Wahrscheinlichkeit spricht dagegen. Vermuthlich ist die Ergänzung unterblieben, sonst würden die Register Philipp Augusts darüber etwas enthalten.

Spätere Nachrichten sprechen allerdings in bestimmter Weise von einer Thätigkeit des genannten Königs für die Redaction der normannischen Coutume, so die Glosse zum Grand Coutumier und der Style de procéder eu pays de Normandie. Allein diese sehr späten Quellen betrachten als das Ergebniss der Redaction den Grand Coutumier selbst und liessen sich zu diesem grundlosen Schlusse nur durch den Umstand verleiten, dass die Somma eine Constitution Philipp Augusts über Patronatsstreitigkeiten in ihren Text aufgenommen hatte. Warnkönig folgert aus der Vorrede des Grand Coutumier, dass die Statuta et Consuetudines auf königlichen Befehl aufgezeichnet worden seien. Da diese Beweisführung mit der Frage zusammenhängt, ob der Verfasser der Somma die Statuta et Consuetudines als Grundlage seines Werkes benützt habe, muss die Prüfung dieser Argumentation vorläufig aufgeschoben werden. — Ebenso bleibe indessen unentschieden, ob die vier zuletzt erörterten Stücke dem

[1]) Vergl. Biener, Das Englische Geschwornengericht I, 40.

Werke urprünglich angehört haben, oder erst nachträglich eingeschoben worden seien, d. h. ob sie der Verfasser selbst oder eine spätere Hand dem Ganzen eingefügt habe.

Untersuchen wir nun nach Abzug der bereits erörterten Bestandtheile Plan und Anlage unserer Rechtsquelle, so bietet sich die befremdende Erscheinung dar, dass die meisten Materien zweimal behandelt sind. Die Lehre vom ehelichen Güterrecht (Dos und Maritagium) von den Minderjährigen, von den Essonien (Fälle der echten Noth), insbesondere aber die Darstellung der Recognitionen findet sich ebensowol in der ersten, als in der zweiten Hälfte des Werkes. Dinge, die zuvor als bekannt vorausgesetzt worden, werden gegen Ende der Compilation begrifflich entwickelt. So sehr auch die Rechtsquellen des Mittelalters strenge Systematik in der Regel vermissen lassen, so bleibt doch die stäte regelmässige Wiederkehr derselben Themata in unserer Quelle auffallend. Am Deutlichsten springt dieser Umstand in die Augen, wenn man eine der Handschriften des Grand Coutumier vor sich liegen hat, in welchen den Capiteln dieses systematisch angelegten Rechtsbuches die auf denselben Gegenstand bezüglichen Abschnitte der Statuta et Consuetudines zur Ergänzung und Erläuterung vorangestellt oder nachgesetzt sind. Wie ich mich durch Einsicht einzelner Codices überzeugt habe, tragen daselbst die meisten Capitel des Grand Coutumier eine doppelte Garnitur von Parallelstellen aus den Stat. et Consuetudines, von welchen die eine der ersten, die andere der zweiten Hälfte dieser Rechtsquelle entstammt. So findet sich z. B. vor dem Capitel: De patronage d'église in der Handschrift des Grand Coutumier, Bibl. Imp. msc. 11032 (früher 10390—2) der Titel der Établ. et Cout. De présentement d'Yglise, Marnier S. 20 und ausserdem das Stück: De presentement d'Iglise desselben Werkchens, Marnier S. 56. Ebenso vor dem Capitel des Gr. Cout. Brief de fief et de gaige sowol die Stelle Marnier 18, De fié engagié als der Abschnitt Marnier 75, De fieu et de gage [1]).

Diese Erscheinung spricht an sich dafür, dass wir es nicht mit Einem, sondern mit zwei Werken zu thun haben. In durchschlagender Weise ergiebt dieses folgender Umstand. In der Mitte der Compilation, Marnier 53, Warnkönig 30 beginnt ein neuer Abschnitt unter der Ueberschrift: De Briés et de Requenoissanz mit den Worten: *L'en doit avant trétier de la possession qe de la propriété*, lateinisch: *Prius tractandum est de possessione quam de proprietate.* Hiemit beginnt eine neue Rechtsqnelle, welche unabhängig von der vorausgehenden dieselben Lehren erörtert, die diese bereits behandelt hat. Der Verfasser kündigt einen Tractat über Eigenthums- und Besitzrecognitionen an, und zwar will er von letzteren früher handeln als von den ersteren. Diesem Plane entspricht auch die Anlage des mit diesen Worten beginnenden Tractates. Zuerst werden die Besitzklagen und zwar De nova dissaisina, de possessione antecessoris und de praesentatione ecclesiae dargestellt; erst gegen Schluss [2]) ist von den petitorischen Klagen, der Erbrechtsklage, dem Bref d'establie, der Recognitio de feodo et wadio, de feodo et elemosyna und so weiter die Rede. Just die umge-

---

[1]) Da Marnier in den Noten zu seiner Ausgabe die Placirung der einzelnen Stellen in Msc. 10390—2 (alten Styls) angiebt, ist eine Controllirung meiner Behauptung leicht möglich, so dass ich auf Anführung weiterer Beispiele verzichten darf.

[2]) Marnier 73. L'en plede en pluseurs manères de propriété. W. 42.

kehrte Ordnung kommt dagegen im ersten Theile zur Anwendung. Dieser bringt dort, wo die Recognitionen im Zusammenhange erörtert werden, zuerst die petitorischen Klagen, das Bref d'establie, das Breve de feodo et elemosina, de feodo et wadio u. s. f. und dann erst die possessorischen Recognitionen zur Sprache.

Beide Theile können unmöglich denselben Verfasser oder dieselbe Entstehungsquelle haben. Es ist undenkbar, dass jemand einen Aufsatz schrieb, in welchem er zuerst die Brevia de recto, dann die Brevia de possessione behandelte, um hierauf mit der Erklärung, man müsse zuerst die possessorischen, dann die petitorischen Klagen besprechen, die Darstellung dieser Lehre in umgekehrter Ordnung zu wiederholen.

Das Gesagte rechtfertigt es für die folgende Untersuchung, unsere Rechtsquelle in zwei Hauptbestandtheile zu scheiden, deren zweiten ich für den französischen Text als Traité de Briés et de Requenoissanz, für den lateinischen als Tractatus de brevibus et recognitionibus bezeichnen werde, während der erste im folgenden als *Très ancienne Coutume de Normandie* citirt werden soll. Ich beginne die gesonderte Betrachtung beider Theile mit dem zweiten, weil uns hiemit zugleich das nöthige Material zur Untersuchung des ersten geliefert werden wird.

α. DER TRACTATUS DE BREVIBUS ET RECOGNITIONIBUS.

Was die Entstehungszeit des Tractatus de brevibus betrifft, so bietet gleich der Anfangssatz einen sicheren Terminus a quo. Es wird dort bemerkt, dass für das besondere Verfahren in Patronatsstreitigkeiten zwischen einer Kirche und einem Laien die Constitutio Philippi regis Francie in Betracht zu ziehen sei. Die Ordonnanz, welche unser Tractat bei Darstellung des Patronatsprocesses ausführlich mittheilt, stammt vom Oktober des Jahres 1207 [1]).

Der Tractat wurde bald nach 1218 verfasst, wie sich aus Folgendem ergiebt. Wenn ein Laie ein in kirchlichem Besitze stehendes Gut beanspruchte, oder wenn die Kirche ein in Laienhand befindliches Besitzthum als Kirchengut vindicirte, entschied eine sog. Recognitio de feodo et elemosina. Dieses Verfahren sei ausgeschlossen, heisst es, gegen Kirchengut, das sich in dreissigjährigem Besitz der Kirche befand. In solchem Falle sollte eine minder formelle Inquisitio stattfinden, die nicht durch herzogliches Breve eingeleitet wurde. *Et hoc privilegium*, sagt unser Tractat, W. S. 44, *habuit ecclesia ab antiquo, nunc autem per novam constitutionem factam in scaccario eodem privilegio utuntur laici.* Die betreffende Constitutio Scaccarii, welche das Vorrecht der Kirche auf die Laien ausdehnte, ist uns in der Sammlung der Urtheile des Échiquier auszugsweise erhalten. Sie kam zu Stande in der Sitzung des Échiquier, welche Ostern des Jahres 1218 abgehalten worden ist [2]). Der uns unbekannte Verfasser muss also seinen Tractat zu einer Zeit geschrieben haben, da er diese Verordnung noch als eine neue bezeichen konnte. Einen bestimmten terminus ad quem zu ziehen, gestattet dieser Ausdruck nicht. Doch würde es für die Worte *nunc* per *novam* constitutionem jeden-

[1]) Warnkönig 33.

[2]) Delisle, Recueil de Jugements S. 58, Nro. 230. — Warnkönig II, 82.

falls unangemessen sein, an eine Zeit nach 1229 zu denken. Darauf würde aber der Namen Richards in der Formel des Breve de feodo et wadio verweisen, welche Warnkönig 44 mitgetheilt wird. Erst 1229 wurde nämlich für diese Klage die Krönung Richards II. als Verjährungstermin festgestellt, während bis dahin die Krönung Heinrichs II. als solcher gegolten[1]). Wir müssen daher annehmen, dass das Wort Ricardi an jener Stelle des Tractates nachträglich interpolirt worden, was ja durch die Ueberarbeitung, welche die Quelle erfahren, in befriedigender Weise erklärt wird. Dass eine solche stattgefunden, zeigt die Verbindung mit einer anderen älteren Arbeit, zeigen die Zusätze, durch welche die ganze Compilation den fortschreitenden Bedürfnissen der Zeit angepasst werden sollte.

Der nicht officielle Charakter unseres Rechtsdenkmals geht wol schon aus den mitgetheilten Stellen zur Genüge hervor. Das ist nicht die Sprache einer amtlichen Redaction, geschweige denn eines Weisthums. Die Feder des Privatmanns liess in dem Streben nach Systematik und in den zahlreichen Verweisungen unverkennbare Spuren zurück. W. 43: *sicut continetur supra in titulo de dilationibus* (p. 28). Ebenso W. 44, W. 38 u. öfter. Abtheilungen innerhalb desselben Titels werden als Capitel bezeichnet. Warnk. 45: *sicut predictum est in capitulo de donationibus*. W. 31: *et iste recognitiones non habent exonium nisi defectum unum sicuti in primo capitulo.* Der hiedurch documentirte einheitliche Charakter des ursprünglichen Tractats lässt es nun aber als gewiss erscheinen,

---

[1]) Delisle, Recueil de Jugem. Nro. 451: *Judicatum est quod recognitio de feodo et vadio non curret nisi depost coronamentum regis Ricardi.*

dass jenes Weisthum vom November 1205 am Schlusse des Ganzen ein nachträglicher Anhang ist.

β) DIE TRÈS ANCIENNE COUTUME DE NORMANDIE.

Jn weitaus minder deutlichen Umrissen tritt uns die ursprüngliche Gestalt des älteren Theils unserer Compilation entgegen. Die Frage nach der Abfassungszeit desselben unterliegt darum erheblichen Schwierigkeiten.

Da mit den Worten: *Prius tractandum* eine selbständige Rechtsquelle beginnt, so stehen die oben erörterten Stücke, die Jurea regalis aus der Zeit Heinrichs II., die Constitutio Henrici I. von 1135, und die Constitution Richards von La Roche d'Orival just am Ende des älteren Rechtsdenkmals. Sie verwandeln sich somit aus Einschiebseln zu Anhängen. Offenbar wurden sie der vorausgehenden Rechtsaufzeichnung angefügt, bevor diese mit dem Tractate zu einem Ganzen verbunden worden war. Dass sie der Très ancienne Coutume de Normandie nicht ursprünglich angehört haben, erhellt u. a. auch aus Folgendem: Das Weisthum aus der Zeit Heinrichs II. enthält eine ziemlich umfassende Angabe über die placita ad ensem ducis pertinentia. Die Très ancienne Coutume selbst giebt eine weit dürftigere Aufzählung derselben. Es ist aber unwahrscheinlich, dass der Verfasser sich auf diese beschränkt hätte, wäre ihm jenes Weisthum bekannt gewesen. Neben der Mittheilung des Weisthums wäre zudem seine eigene Aufzählung völlig überflüssig gewesen.

Eine Vergleichung des Inhalts der Très ancienne Coutume mit dem Traité de briés spricht für das höhere Alter der ersteren.

Die mehrmalige Erwähnung der einseitigen Ordalien verweist uns von vornherein auf eine Zeit vor 1218.

Der Umstand, dass die Verordnung Philipp Augusts über das Verfahren bei Patronatsstreitigkeiten zwischen Kirchen und Laien dem Verfasser unbekannt ist, deutet auf eine Abfassung vor 1207. Im Abschnitte De presentation d'yglise, Warnk. 13 hätte sonst etwas davon erwähnt werden müssen; daselbst ist aber die Recognitio durch 12 Geschworene ganz allgemein als Entscheidungsnorm für Patronatsstreitigkeiten angegeben, während nach der Neuerung Philipp Augusts in dem durch sie betroffenen besonderen Falle 4 Priester und 4 Laien als Geschworene in Anwendung kommen.

Abgesehen von diesem speciellen Punkte zeigt das Recognitionsverfahren der Très ancienne Coutume wesentliche Verschiedenheiten von dem des Tractats. Wenn bei den petitorischen Recognitionen 2 oder 3 von den Geschworenen der Sache unkundig sind, soll nach der Très Ancienne Coutume eine Erneuerung des Verfahrens stattfinden: *per alios fiet recognitio veritatem rei recognoscentes.* Wenn auch hierdurch kein Ergebniss geliefert wird: *utraque pars ad placitum redibit.* Nach dem Tractate wird, wenn ein Geschworener den anderen wiederspricht, oder zwei unwissend sind, sofort zum Duell gegriffen, ohne dass ein Versuch mit anderen Geschwornen gemacht würde. Und das blieb auch später geltendes Recht. Die Très Ancienne Coutume hält hierin noch an dem älteren Verfahren fest, wie es in ähnlicher Weise für den Inquisitionsbeweis in Fiskalsachen schon durch ein Capitulare Ludwigs des Frommen, § 1, Cap. miss. Aquisgr. von 817, Pertz, 216 vorgeschrieben worden war.[1])

Die Besitzklagen werden nach der Très ancienne Coutume, wenn zwei oder drei Geschworene nichts von der Sache wissen, durch den Ausspruch der übrigen Neun entschieden. Der Tractat begnügt sich mit der einfachen Majorität, also mit 7 Stimmen, ein Standpunkt, auf welchem sich noch die späteren Rechtsquellen der Normandie befinden.[2]) Bezeichnender Weise stimmen die Quellen des anglonormannischen Rechts in diesem Punkte mit dem Tractate überein.[3]) Auch ihnen genügt bei den Besitzassisen der übereinstimmende Ausspruch von nur sieben Geschwornen. Daraus folgt, dass diese Bestimmung ins Leben trat zu einer Zeit, da die Normandie und England noch vereinigt waren. Die Très ancienne Coutume, welche hierin das ältere Recht enthält, muss also — oder doch wenigstens der bezügliche Theil derselben — vor der Eroberung der Normandie durch Philipp August abgefasst worden sein.

An einigen Stellen ist von einem Seneschall Wilhelm die Rede und zwar so, dass es den Anschein gewinnt, als ob der Verfasser dessen Zeitgenosse gewesen wäre. So Warnk. 25: De molendinis: In tempore Guillelmi senescalli statutum fuit. — Warnk. 22: De elemosinis: Multociens

---

[1]) Vergl. meinen Zeugen- und Inquisitionsbeweis 64. Weitere Nachweise über den historischen Zusammenhang der normannischen und der fränkischen Inquisitio hoffe ich demnächst in einer Untersuchung über die Entstehung der Schwurgerichte liefern zu können.

[2]) Delisle, Recueil de Jugements N. 482; Coutume, Style et Usage aux temps des Échiquiers de Normandie (Mémoires de la Société des Ant. de Norm. XVIII) Ch. 17.

[3]) Bracton, fol. 255b, 179b, 184b. Britton I, p. 350, Placitorum abbreviatio 279. Gundermann, Einstimmigkeit der Geschw. 188. Gundermann, Englisches Privatrecht 359.

inter dominum Rothomag. archiepiscopum et Guillelmum senescallum *inde audivimus*. Diese Stelle giebt uns zugleich einen Anhaltspunkt, um zu bestimmen, welcher Seneschall Wilhelm hier gemeint sei; denn es hat mehrere Seneschalle dieses Namens gegeben. Sie behandelt nämlich die Frage, ob das Recognitionsverfahren des weltlichen Gerichtes einzutreten habe, wenn Jemand auf dem Siechbette in Gegenwart des Priesters und von zwei oder drei Nachbarn ein Gut an die Kirche vergabte, ohne dass die Sache ortskundig wurde. Hierüber — das will jener eben angeführte Passus sagen — seien Misshelligkeiten zwischen dem Erzbisthum und dem Seneschall Wilhelm ausgebrochen. Dieser Wilhelm ist nun kein anderer, als jener Guillaume fils de Raoul, welcher 1191 mit dem Vertreter des Erzbisthums von Rouen über diesen Fall und einige andere Streitpunkte den schon oben erwähnten Vergleich abschloss. Wilhelm der Sohn Radulfs, war aber Seneschall der Normandie bis 1200, in welchem Jahre ihn Guarin de Glapion in dieser Würde ersetzte. Auf denselben Wilhelm sind wol auch die 5 letzten Titel der T. A. C. zu beziehen, welche die Abstellung prozessualer Missbräuche und Härten durch einen Seneschall der Normandie behandeln. Die hier mitgetheilten Rechtsfälle[1]), die nach der Art der Mittheilung als Erlebnisse des Verfassers zu betrachten sind, fallen demnach in das Ende des 12. Jahrhunderts. Damit stimmt auch die Erwähnung des Herrn Roger de Sancto Andrea, Warnkönig 25, 26, welcher in dem Lehnsverzeichniss von 1172 bei Houard Coutumes Anglonormandes I, 244 angeführt wird und zwischen 1210 und 1213 gestorben ist, Noch manche andere Persönlichkeiten führt unsere Quelle

[1]) Ich habe sie in meiner Abhandlung über Wort und Form im altfranzösischen Process ausführlich erörtert.

gelegentlich mit Namen an, welche Anhaltspunkte für die Bestimmung der Entstehungszeit liefern könnten. Allein mir fehlt hier auch nur das nothdürftigste wissenschaftliche Material, welches erforderlich wäre, diese Angaben für meinen Zweck zu verwerthen. Sache der normannischen Gelehrten wäre es, diese Lücke aus den reichen genealogischen Schätzen ihrer Landesgeschichte auszufüllen, um auf diese Weise für die Aufhellung ihres ältesten Rechtsdenkmals das Ihrige beizutragen.

Vergleichen wir die einzelnen Abschnitte der Très ancienne Coutume in Bezug auf Inhalt und Form, so tauchen gegründete Zweifel an dem einheitlichen und homogenen Charakter auch dieser Rechtsquelle auf, die wir bereits von ihrer losen und rein äusserlichen Verbindung mit dem Tractatus de brevibus befreit haben. Dass sie uns nicht in ihrer ursprünglichen Gestalt vorliegt, geht aus den bereits oben erwähnten Einschiebseln und Anhängen hervor. Zu ihnen kommt noch die bei Darstellung des normannischen Erbfolgesystems Seite 43 erörterte Stelle zu Gunsten des Repräsentationsrechts[1]), welche mit einer andren desselben Rechtsdenkmals[2]) in nicht zu verhüllendem Widerspruche steht. Letztere findet sich freilich nur in dem französischen Texte. Allein der lateinische zeigt hier eine grössere Lücke. Ihm fehlt auch der kurze nur aus zwei Zeilen bestehende Abschnitt De Vente de Bois[3]) und der Abschnitt De terre doné[4]). Der letztgenannte enthält unter anderem die Bestimmung über die Unzuläs-

[1]) Marnier 13. De la partie as Neveuz. Warnkönig 9. De portione Nepotis.

[2]) Marnier 24. De partie de frères.

[3]) Marnier 25.

[4]) Marnier l. c.

sigkeit der Concurrenz von Heimfall und Erbrecht, welche wir oben Seite 25 im Hinblick auf Glanvilla und die Assise des Grafen Geoffroy von 1185 als einen alterthümlichen später in der Normandie unpraktisch gewordenen Rechtssatz kennen gelernt haben. Die Weglassung scheint demnach in der Compilation bei Warnkönig eine absichtliche zu sein. Der Redacteur oder Schreiber des Warnkönigschen Textes liess als Anhänger des Repräsentationsrechts die dasselbe negierende Stelle und ebenso den Abschnitt De terre donée, weil er eine unpraktisch gewordene Bestimmung enthielt, einfach hinweg.

In unserer Quelle finden sich aber auch Stellen, welche sich nicht als blosse Einschiebsel oder Zusätze erklären lassen und der Annahme einer einheitlichen Autorschaft widerstreiten. Warnkönig 10, De portione sororum beginnt mit den Worten: *In scripto generali prenotatur conjuncte (sorores) escaëtas partiri.* Diese Stelle weist zurück auf das Capitel: De portione sororum, Warnkönig p. 8. Es folgt unmittelbar auf den Abschnitt De portione fratrum, mit dem es inhaltlich und formell zusammenhängt, jenen Abschnitt, den wir oben Seite 31 wegen der Worte *ante hanc constitutionem* für den Wortlaut oder das Bruchstück einer Satzung erklärt haben.

In einer Stelle bei Warnkönig 22, De Elemosina heisst es analog: *In scripto generali dictum est, quod si aliquis (presbiter) aliquid tenementum habuerit nomine ecclesie* . . Von der Recognitio de feodo et elemosina, auf welche hier Bezug genommen wird, ist Warnkönig 12 die Rede, wo die verschiedenen Arten der Recognitionen der Reihe nach angeführt werden. Die Recognitionen sind aber in der Normandie als ein ordentliches Rechtsmittel in den Jahren 1150—1154 von Herzog Heinrich (also in einer Zeit, da er noch nicht König von England war), durch Satzung eingeführt worden, wie ich dies aus bisher ungedruckten und unbekannt gebliebenen Urkunden in einer Untersuchung über die Entstehung der Schwurgerichte beweisen werde.

Durch die wiederholte Beziehung auf das Scriptum generale stellt der Verfasser seine eigenen Ausführungen in einen bewussten Gegensatz zu demselben. Es wird dadurch höchst wahrscheinlich, dass der Verfasser eine ältere Vorlage benutzte, vielleicht den Text der bezüglichen Satzungen oder eine zusammenstellende Bearbeitung derselben, welche er in seine Arbeit aufnahm, um deren allgemeine Sätze durch eigene speciellere Ausführungen zu ergänzen. Dem entsprechend können wir in der Très ancienne Coutume zwei verschiedene Massen unterscheiden, Stellen, in welchen die Persönlichkeit des Autors hervortritt, wie Warnkönig 22, De Elemosina, wo von den Differenzen zwischen dem Seneschall Wilhelm Fitz-Raoul und dem Erzbisthum von Rouen die Rede ist, und hinwiederum Stellen, die in dem imperativischen Tone einer Satzung gehalten sind. Letzterer zeigt sich in Fügungen, wie: Vaivassoria et laicum tenementum et burgensia juxta consuetudinem patrie partientur, W. 8; adversarius deliberabit se per jusjurandum juxta legem patrie, W. 10; incurrat periculum juxta morem patrie W. 11; Nullus ausus sit aliquem de aliqua re devestire, W. 13. Diese häufigen Berufungen auf das geltende Landesrecht erklären sich besser aus der Sprache einer Satzung, welche dasselbe als bekannt voraussetzen kann, als aus der Sprache einer Rechtsaufzeichnung, welche es eben zur Aufgabe hat, die Consuetudo patriae darzustellen. Jedenfalls aber hat der Verfasser, soweit ihm Satzungen vorlagen, dieselben mehr oder minder verarbeitet. Nicht selten braucht er die

Worte: statutum est,[1]) um einzelne Rechtssätze einzuleiten. Anderseits mögen aber auch seine eigenen Ausführungen den Styl der Satzung unwillkürlich angenommen haben, so dass eine scharfe Zerlegung der ganzen Rechtsquelle in ursprüngliche Satzung und Rechtsaufzeichnung unausführbar erscheint.

Völlig unzulässig scheint es mir, die Rechtsquelle, die wir als Très ancienne Coutume de Normandie bezeichnen, für ein Weisthum oder für das Ergebniss officieller Redaction des Gewohnheitsrechtes zu halten. Man beachte nur Stellen wie etwa folgende: Wer soll den verwaisten Erben, der einer Vormundschaft bedarf, in Vormundschaft haben? Die Mutter? Nein. Warum nicht? Sie nimmt sich einen Mann und bekömmt Kinder, welche aus Begier nach der Erbschaft ihren älteren Bruder tödten, oder es tödtet der Stiefvater selbst das Kind, um die Erbschaft seinen eigenen Kindern zuzuwenden. Wer soll also die Vormundschaft führen? Die Blutsverwandten? Nein. Warum nicht? damit sie nicht nach dem Erbe lechzend die Unschuld tödten. Mit diesen und ähnlichen Worten wird der Rechtsatz motivirt, dass der Lehnsherr Vormund werde[2]). Klingt dieser rhetorische Erguss nach einem Weisthum oder nach einer officiellen Aufzeichnung?

Ich fasse die Ergebnisse der durchgeführten Untersuchung in folgenden Sätzen kurz zusammen.

Die bei Warnkönig unter dem Namen Statuta et Consuetudines Normanniae, bei Marnier unter der Bezeichnung Établissements et Coutumes de Normandie veröffentlichte

[1]) Warnkönig 3, 7 (De jurea, zweimal) und öfter.

[2]) Warnkönig 9.

Rechtsquelle, ist eine Compilation, welche abgesehen von einzelnen Nachträgen und Zusätzen, in zwei Hauptbestandtheile zerfällt. Der jüngere ist ein Tractat über die Recognitionsmandate und das Recognitionsverfahren, welcher von einem uns unbekannten Verfasser bald nach 1218 in der Normandie abgefasst worden ist. Der ältere ist eine Aufzeichnung über das normannische Recht, welche ein gleichfalls unbekannter Jurist, vielleicht ein amtlich beschäftigter Clerk, zum Theil mit ausgiebiger Benutzung und ungleichmässiger Verarbeitung älterer Satzungen in den letzten Jahren des zwölften oder in den ersten Jahren des dreizehnten Jahrhunderts niedergeschrieben hat.

Für die jüngere Quelle dürfte die Bezeichnung *Tractatus de brevibus et recognitionibus* die passendste sein. Für die ältere Quelle wäre der Titel *Statuta et Consuetudines Normanniae* der angemessenste, da diese, wie wir gesehen, in zwei Hauptmassen, Satzungen und Ausführungen über das Gewohnheitsrecht zerfällt. Leider ist er durch die bisherigen Editionen für die Compilation als Ganzes vorweggenommen worden. Um Verwechslungen und Missverständnissen vorzubeugen, habe ich die ältere Quelle im Laufe der Untersuchung als *Très ancienne Coutume de Normandie* bezeichnet.

Die aufgestellten Sätze sind nur das Ergebniss innerer Kritik, nur solche, wie sie aus dem Inhalt des Rechtsdenkmals nach den vorhandenen Editionen ohne Rücksicht auf den handschriftlichen Apparat gewonnen werden konnten. Von vornherein soll zugegeben werden, dass so manche meiner Behauptungen vor einer gründlichen Untersuchung des handschriftlichen Materials die Probe vielleicht nicht bestehen werden. Wenn diese Zeilen zu einer solchen etwa anregen sollten, so ist der Zweck derselben vollständig erfüllt. Die bisher vorhandenen Editionen dieser wichtigen Rechtsquelle sind durchaus unbefriedigend. Eine neue sorgsame Ausgabe auf Grund ausgedehnter Handschriftenvergleichung thut meines Erachtens dringend Noth und wäre eine würdige Vorarbeit zu einer kritischen Ausgabe des Grand Coutumier de Normandie, deren Nothwendigkeit von Eugen de Rozière in der Société des Antiquaires de Normandie vor einigen Jahren in überzeugender Weise nachgewiesen worden ist.

B. DER GRAND COUTUMIER DE NORMANDIE.

Auch diese Rechtsquelle ist uns in einem lateinischen und in einem französischen Texte überliefert. Der erstere erscheint unter der Ueberschrift: Somma de legibus consuetudinum Normanniae, Jura et Consuetudines, quibus regitur ducatus Normanniae[1]), oder Somma de curia laicali. Für den französischen Text ist die Bezeichnung Coutumier oder Grand Coutumier de Normandie üblich geworden.

Das Verhältniss der beiden Texte ist streitig, da manche den französischen, manche den lateinischen für den ursprünglichen halten. Eine nähere Vergleichung liefert kein augenfälliges Ergebniss, weil der Uebersetzer, mag ihm nun der lateinische oder der französische Text angehören, mit vollständiger Beherrschung des Rechtsstoffes an die Arbeit ging, so dass ihm weniger der Ausdruck als der Gedanke seiner Vorlage die Worte lieh. Soweit subjectives Ermessen sich in solchen Fragen geltend machen darf, scheint mir der lateinische Text das Original zu sein. Ihm gebührt der Vorzug der grösseren Kürze und Präcision. Zudem lässt sich wol eher ein Bedürfniss nach französischer Uebersetzung eines lateinischen

[1]) So in der ältesten Ausgabe von 1483.

Originals, als umgekehrt ein Bedürfniss nach Uebertragung eines französischen in's Lateinische annehmen. Für die Priorität des lateinischen Textes spricht endlich auch ein zwingender Beleg. Wir besitzen eine gereimte Bearbeitung des Coutumier, ein cultur- und literargeschichtlich interessantes Werk, welches sich trotz der Hindernisse des Reims treu an das Original hält und selbst den sprödesten Stoff, den man sich denken kann, den normannischen Kanzleistyl der Recognitionsmandate in französische Verse schmiedet. Der Verfasser wird bei den Literarhistorikern als Guillaume Cauph angeführt nach den Buchstaben, hinter welchem er durch ein unauflösbares Sylbenräthsel seinen wahren Namen verbirgt. [1]) Am Schlusse seines Werkes sagt der Rechtspoet:

Et je qui me suis entremys
D'avoir ce livre en rime mys,
Selon le latin l'ay extrait
A mon pouer sans malvais trait. [2])

Er rechtfertigt ferner sein Unternehmen damit, dass es leichter sei, französische Verse im Gedächtniss zu behalten, als Prosa, worunter nach dem Vorausgehenden nur lateinische Prosa verstanden werden kann. Sollte man in seinem Reimwerke unverständliche oder verdächtige Stellen finden, so möge man auf das Buch in Latein zurückgehen und sich dort Raths erholen.

Et s'aulcun n'entent bien à point
Ce livre ou croy que faulx n'a point,
Au livre en latin ait recours,
Là trouvera du droit le cours.

---

[1]) Cf. De la Rue, Essais historiques sur les Bardes, les Jongleurs et les Trouvères Normands et Anglonormands, Tom. III. Caen 1834.

[2]) Houard, Dictionnaire de la Coutume de Normandie IV, Supplément, 157.

Aus diesen Stellen geht hervor, dass Cauph (?) eine lateinische Vorlage hatte, sonst würde er nicht auf diese verweisen; sowie dass ihm ein französischer Text unbekannt war, er würde sonst diesen und nicht den lateinischen für sein Reimwerk verwendet haben, weil er dann nur zu reimen, nicht auch zu übersetzen nöthig gehabt hätte.

Die Ansichten [1]) über die Entstehungszeit des Grand Coutumier schwanken zwischen den Regierungsperioden Ludwig des Heiligen 1226—1270, Philipps III. (d. Kühnen) 1270—1285, und Philipps des Schönen 1285—1314.

Jedenfalls wurde das Werk nicht nach 1280 abgefasst,

---

[1]) Warnkönig, franz. Staats- und Rechtsgesch. II, 45.
Schäffner, Rechtsverfassung Frankreichs III, 89—94.
Königswarter, Sources et Monuments du droit français 114.
Warnkönig, Kritische Ztschft. f. G. u. R.-W. des Ausl. VII, 318.
Biener, Beiträge zu der Geschichte des Inquisitionsprocesses und der Geschwornengerichte 232.
Biener, Das engl. Geschwornengericht I, 39.
Sachsse, Das Beweisverf. nach deutschem, mit Berücksichtigung verwandter Rechte des Mittelalters 14—17.
Maurer, Konrad, Das Beweisverf. nach deutschen Rechten. Krit Ueberschau V, 183, Note 1.
Gundermann, Englisches Privatrecht 131.
Reeves, History of the English Law I, 225.
Palgrave, History of Normandie I, 720.
Laferrière, Histoire du droit français III, V 604 u. Essai sur l'histoire du droit français I, 62.
Daviel, Recherches sur l'origine de la Coutume de Normandie, Caen 1834.
Klimrath, Travaux sur l'histoire du droit français, recueillis et mis en ordre par L. A. Warnkönig II, 34.
Rathery, Études hist. sur les institutions judiciaires de la Normandie, 1839.
Marnier, Établissements etc. XVIII, Note 2.
Frère, Édouard, in Pannier, Ruines de la Cout. de Norm. 1856
Cooper, Catalogue of Books on foreign Law. Laws and Jurisprudence of France 1849, p. 27.

denn dieses Datum trägt die gereimte Bearbeitung eines gewissen Richard Dourbault[1]), von welchem Houard Nachricht giebt.

Mil deux cent quatre fois vingt
Après ce que Jesus Christ vint, ...
Mit Richard Dourbault ce livre
En rimes au mieux qu'il put,
Pour commun et propre salut.

Das Werk ist erst nach 1207 entstanden, denn aus dem October dieses Jahres stammt die Verfügung Philipp August's über das Verfahren bei Patronatsstreitigkeiten, welche die Somma II., 39 erwähnt und der franz. Text ch. 110 im Wortlaute mittheilt. Auf Grund eines Druck- oder Schreibfehlers im Namen des Adressaten — Erzbischof Wilhelm statt Robert von Rouen —, der sich in einigen Texten findet, glaubte man fälschlich, dass auf die Zeit Philipps des Schönen zu schliessen sei.

Einen terminus ad quem ergiebt der Umstand, dass der Somma das bekannte Amortisationsgesetz Philipps III. von Allerheiligen 1275 unbekannt ist, durch welches der König in eine Abfindung mit den Kirchen eingeht bezüglich der Güter und Rechte, welche sie von seinen Vasallen ohne seine Zustimmung erworben. [2]) Hätte der Verfasser der Somma die Ordonnanz gekannt, so hätte er ihrer in dem Abschnitte De teneura per elemosinam I, 31 oder in dem Titel De brevi de feodo et elemosina II, 44 gedenken müssen. Es wäre dieses umsomehr zu erwarten, als diese Massregel bezüglich der normannischen Kirchen und Klöster einschneidende Wirkungen hatte, wie die zahl-

---

[1]) Dictionnaire de la Coutume de Normandie IV, Supplément 49.

[2]) Ordonnances du Louvre I, 303. Eine Inhaltsangabe giebt Warnkönig I, 230.

reichen Urkunden seit 1276 beweisen, durch welche der König die 'secundum tenorem ordinacionis nostre' zwischen seinen Baillis und den normannischen Kirchen zu Stande gekommenen 'Finationes' bestätigt.[1])

Ungebührliche Bedeutung für die Bestimmung der Abfassungszeit legten Manche einer Stelle über die Verjährungsfrist dem Breve de feodo et vadio bei.[2]) Früher sei diese, sagt die Somma, eine dreissigjährige gewesen, da aber der Anfangspunkt einer solchen Frist zu wenig im Gedächtniss hafte, habe später der Fürst der Normandie auf Rath weiser Männer des Landes bestimmt, dass die Frist von irgend einem feierlichen, in die Augen fallenden Ereignisse an beginnen solle. So sei die Krönung Heinrichs II., (19. December 1154) üblicher Termin geworden. Als seit derselben allzulange Zeit abgelaufen war, mehr als zur Verjährungsfrist erforderlich war, habe unter der Regierung König Philipps eine Verordnung des Échiquier die Krönung Richards (3. September 1189) als solchen Zeitpunkt fixirt.[3]) Nun seien aber auch seit die-

---

[1]) Cf. Delisle Cartulaire Normand, Caen 1852, N. 880, 884, 888, 894, 898, 899, 900, 901, 902 u. s. w. Vergl. auch die hierauf bezügliche Entscheidung des Échiquier von 1277 bei Warnkönig franz. Staats- und Rechts-Gesch. II, U. B. 122: De baronibus et aliis dominis Normanniae.

[2]) Schäffner schliesst hieraus auf die Mitte des 13. Jahrhunderts, Sachsse, Beweisverf. 15, N. 1 auf die Zwanziger Jahre desselben Jahrhunderts.

[3]) Der Text bei Ludewig hat auch an der ersten Stelle statt Henrici: Ricardi. Sachsse a. a. O. 15, N. 1 glaubte daher zwischen der ersten und zweiten Krönung Richard's (1189 und 1194) unterscheiden zu müssen. Degegen hat schon Konrad Maurer darauf hingewiesen, dass das Henry des franz. Textes bei Bourdot de Richebourg vorzuziehen sei. Auch der lateinische Text der Ausgabe von 1523 liest Henrici. Jeder Zweifel wird zerstreut durch Urtheilsprotocolle über Recognitiones de feodo et vadio aus den Jahren 1205 (Delisle, Recueil de Jugements p. 263) und 1213 (Delisle p. 32, N. 122), in welchen die Krönung Heinrich's als Termin angegeben ist.

sem Ereignisse bereits mehr als dreissig Jahre verflossen; darum wäre es zu wünschen, dass die Verjährungsfrist durch den König beschränkt werde. Ein fester terminus ad quem kann aus dieser Stelle nicht gewonnen werden, da nicht gesagt wird, um wie viel die laufende Frist dreissig Jahre überschreite. Als terminus a quo ergäbe sich, wenn die Thatsachen richtig mitgetheilt wären, nur das Jahr 1219, das dreissigste nach Richard's erster Krönung. Allein die bezogene Verordnung rührt nicht aus der Zeit Philipp August's, sondern aus dem Jahre 1229. [1]) Die Somma muss also nach diesem Jahre und zwar geraume Zeit darnach abgefasst worden sein, da sonst der Irrthum nicht wohl zu erklären wäre. [2])

An zwei Stellen erwähnt unser Rechtsbuch Ludwigs des Heiligen (1226—1270). Die eine betrifft das Recht der Baillis, zu Verhaftungen zu schreiten. [3]) Hierüber heisst es: *Excellentissimus rex Ludovicus post illustrem regem Philippum recordationis pie secundus tale fecit institutum*, eine Ausdrucksweise, die allerdings nicht mit voller Bestimmtheit entnehmen lässt, ob Ludwig IX. schon als gestorben betrachtet wird oder nicht. Allein wahrscheinlich ist es doch, weil sich sonst dem Verfasser in dominus oder rex noster eine kürzere Bezeichnung dargeboten hätte, um Ludwig IX. von seinem unmittelbaren Vorgänger Lud-

[1]) Delisle, Recueil de Jugements N. 451, S. 110.

[2]) Der Verfasser der Somma ging von der Ansicht aus, dass die fixen Termine den Zeitraum von 30 Jahren ersetzen sollten. Die Zeit, da die Frist zuerst nach Richard's Krönung bemessen wurde, war ihm nicht genau bekannt. Auf Grund seines Princips konnte er nicht wol annehmen, dass man gleich bei Feststellung der neuen Frist den dreissigjährigen Termin überschritt, wie dies allerdings im Jahre 1229 der Fall war. Er rechnete also zum ersten Krönungsjahr Richard's ungefähr 30 Jahre hinzu und kam damit in die Regierungszeit Phil. August's († 1223).

[3]) Somma §. 10, I, 8, bezogen Somma §. 3, I, 50.

wig VIII. zu unterscheiden. Zudem passt das pie recordationis besser auf den eben verstorbenen Ludwig, dessen Verordnung anerkennend erwähnt wird als auf den jedenfalls seit langem verstorbenen Philipp August, der hier nur zu näherer Bezeichnung des ersteren erwähnt ist, und an anderen Stellen des Werkes ohne den Zusatz pie recordationis erscheint. [1]) Diese Wahrscheinlichkeit wird gesteigert durch den französischen Text, wo es von Ludwig IX. heisst: *qui fut le second après l'illustre roi Philippe.*

Der andere Passus betrifft eine Verfügung Ludwigs IX. über das Gebahren der königlichen Beamten mit der Habe eines verstorbenen Wucherers. Somma § 9, I., 20: *Excellentissimus rex Ludovicus, de quo superius fecimus mentionem.* Einen noch lebenden König würde man wohl schwerlich in dieser Weise bezeichnet haben.

Ein misslicher Umstand ist es, dass gerade für die Jahre, innerhalb welcher nach dem vorausgegangenen die Somma entstanden sein dürfte, kein Urtheil des Échiquier vorhanden ist, das uns chronologische Anhaltspunkte böte. Delisle's Recueil schliesst mit dem Jahre 1270 und enthält aus den letzten Jahren nur wenige Urtheile, darunter keines von allgemeiner Bedeutung. Die späteren Arresta des Échiquier, welche Warnkönig II, 120 ff. abgedruckt hat, beginnen mit dem Jahre 1276. Das letzte Urtheil, das einen Anhaltspunkt gewährt, stammt aus dem Jahre 1258. [2]) *Dictum fuit quod garda regis durat per XXI. annos, baronum per XX annos, licet quidam contradicerent.* Es war vor dieser Rechtsweisung streitig, ob das Vormundschaftsrecht des Königs länger zu dauern habe, als das der Ba-

[1]) §. 11, 14, Somma II, 39.

[2]) Delisle, Recueil de Jugements, N. 802.

rone. Vergleichen wir mit diesem Urtheile die Behandlung der betreffenden Einrichtung in der Somma, so zeigt sich, dass diese in vollem Einklang mit der Entscheidung des Échiquier steht, ohne dass eine Controverse erwähnt würde, während der Verfasser sonst streitige Fragen als solche zu bezeichnen pflegt.

Neuerungen, die in den Urtheilen seit 1276 zu Tage treten, sind der Somma noch unbekannt. Gerade um diese Zeit machte sich in der Normandie der verfassungswidrige Einfluss des Pariser Parlamentes ganz besonders geltend. Das normannische Processrecht wurde von nun an durch Anschauungen des französischen Rechts theilweise modificirt. Ein Ergebniss solchen Einflusses ist u. a. die Scheidung der Civilgeschworenen (Inquisitionszeugen) in Testes de scientia und Testes de credencia. Sie findet sich in Urtheilen des Échiquier von 1292, Warnkönig 135, von 1293, Warnk. 138, von 1294, Warnk. 140. Dem älteren Rechte und so auch der Somma ist diese Unterscheidung fremd. Ebenso der Ausdruck Inquesta (statt Inquisitio), welcher seit Ausgang des 13. Jahrhunderts sich in der normannischen Rechtsterminologie bleibend eingebürgert.

Die Verbindung des Grand Coutumier mit dem sog. Livre la Reine [1]) kommt für die Zeitbestimmung nicht in Betracht, so lange nicht der mysteriöse Charakter des letzteren in's Klare gesetzt sein wird [2]).

Fassen wir das Ergebniss der vorgebrachten Argu-

---

[1]) Hierüber Klimrath a. a. O. Anschütz, Kritische Zeitschrift für Rechtswissenschaft des Anslandes XXIII, 332 ff.

[2]) Vermuthlich war es ursprünglich nur die Bezeichnung eines bestimmten Codex, in welchem im Laufe der Zeit Verschiedenartiges zusammengeschrieben wurde.

mente zusammen, so bieten sich die Jahre 1270 und 1275 als die Zeitgrenzen dar, innerhalb deren die Entstehung des Grand Coutumier anzusetzen ist[1]).

Der Verfasser des Grand Coutumier ist uns unbekannt. Klimrath vermuthet ihn in einem gewissen Robert le Norman, indem er eine Notiz bei Charondas le Caron mit der Thatsache zusammenhält, dass der Grand Coutumier den dritten Theil jener Pariser Rechtshandschrift bildet, die den Titel Livre la Reine führt. Seine Argumente sind aber nicht überzeugend. Was ist der Livre la Reine? Und was wäre am Ende mit dem nackten Namen Robert le Norman gewonnen?

Der Grand Coutumier ist in Auffassung, Gruppirung und Behandlung seines Stoffes ein durchaus originelles Werk. Gerade dieser selbständige Charakter desselben macht es schwierig zu bestimmen, aus welchen Quellen der Verfasser das Material schöpfte, welches er verarbeitet hat. Einzelne Partien, so der Titel: De divisione juris, die Wahl der Namen Titius, Cato und ähnlicher in den Beispielen und Klagformeln, die Bezeichnung des Werkes als Summa, lassen darauf schliessen, dass er mit der Literatur über das fremde Recht nicht unbekannt war.

Sehr fraglich scheint es mir dagegen, ob der Verfasser die von Warnkönig als Quellen des Grand Coutumier abgedruckten Statuta et Consuetudines, die Assisae und die Arresta Scaccarii der Normandie benutzt habe. Der Erste, der diese Behauptung aufstellte, war Marnier Leider unterlässt er es, auch nur Einen Beleg aus der Unzahl der Belege, die ihm angeblich zu Gebote ständen, für Ableitung des Coutumier aus den Établissements

[1]) Oben Seite 39 Zeile 1 ist statt 1260 selbstverständlich 1270 zu lesen.

et Coutumes zu citiren[1]). Genügender Beweis ist ihm das Mscpt. 10390—92 der Pariser k. Bibliothek, eine Handschrift des Grand Coutumier, die an der Spitze der einzelnen Capitel die Parallelstellen der Établissements et Coutumes darbietet. Marnier's beweislose Behauptung wurde von den Nachfolgern beweislos nachgeschrieben. Wie sehr jene Materialien, sagt Schäffner, diesem Coutumier zum Vorbilde dienten, zeigt eine Handschrift des Grand Coutumier, welche jene Materialien, beinahe sämmtlich in lateinischer Sprache, an die Spitze der einzelnen Capitel stellt, so dass jene als traditioneller Ausdruck des alten Rechts dem Verfasser gewissermassen zum Thema seiner Paraphrase dienten. Die Existenz derartiger Handschriften beweist meines Erachtens an sich noch nichts für die Abhängigkeit der Somma von den Bruchstücken der Établissements, die ihr daselbst vorgesetzt oder angefügt sind. Mitunter sind ja auch Urtheile des Échiquier dem Texte des Rechtsbuches in solcher Weise beigesetzt, die nachweislich *jünger* sind als die Somma. Den Beweis einer Benutzung kann nur eine sorgsame Vergleichung der gegenübergestellten Abschnitte liefern. Diese lässt es aber als sehr zweifelhaft erscheinen, dass die Somma auf Grundlage der Établissements entstanden sei. An ein Ausschreiben derselben ist nirgends zu denken. Auch einen Anschluss im Wortlaut oder in der Gedankenfolge sucht man vergebens. Sogar die Formeln der Klagen und der Recognitionsmandate zeigen stylistische Verschiedenheiten[2]). In der Somma fehlen Bemerkungen der Éta-

[1]) Das rügt mit Recht Warnkönig, Krit. Zeitschrift f. G. u. W. des Auslandes XIII, 229.

[2]) Vergl. die Formel der Klage: De hereditate disforciata in Somma I, II, 64 und bei Warnkönig II, 42.

blissements, welche der Verfasser gewiss aufgenommen oder berücksichtigt haben würde, wenn jenes Material ihm vorgelegen hätte [1]). Schlechterdings unzulässig ist es, die Ausführungen des Coutumier als Paraphrase der durch die Établissements dargebotenen Themata zu betrachten. Zwischen der Somma und dem Tractatus de brevibus, dem jüngeren Theile der Statuta et Consuetudines, liegen mindestens fünfzig Jahre. Die Rechtsentwickelung der Normandie blieb in diesem Zeitraum nicht stille stehen, und in der That finden sich in den beiden Rechtsdenkmälern erhebliche Verschiedenheiten der zur Darstellung gebrachten Rechtssätze. Ebenso wenig, als Form und Inhalt der zwei Quellen sich gleichen, kann auch eine Uebereinstimmung in Plan und Anlage geltend gemacht werden, da die Statuta und Consuetudines als Ganzes eine völlig planlose Compilation sind.

Beim Lichte besehen beschränkt sich die angebliche Verwandtschaft auf die Gemeinsamkeit der Darstellungsobjecte. Bis zu einem gewissen Grade mussten sich Arbeiten über die Rechts- und Processinstitute der Normandie ähnlich werden, auch wenn sie völlig unabhängig von einander entstanden. Schon die Berücksichtigung des so tiefgreifenden Systems der Recognitionen mit ihren Breve's musste ihnen ein gleichartiges Gepräge verleihen. Sehen sich doch auch Glanvilla und die Somma ähnlich, ohne dass eine Benutzung des ersteren durch letztere stattgefunden hätte, bloss darum, weil das normannische mit dem anglonormannischen Rechte in nächster Verwandtschaft steht. Dass einzelne Handschriften des Grand Coutumier die Parallelstellen der Établissements aufnahmen,

[1]) Vergl. die Abschnitte De feodo et vadio Warnkönig 44 und De advocationibus ecclesiarum Warnk. 32 mit Somma II, 40 und II, 39.

geschah in der mehr oder minder berechtigten Absicht jenen aus diesen zu ergänzen. Die Bruchstücke der Établissements stehen dort, nicht weil sie zum Theil dasselbe, und obgleich sie zum Theil anderes sagen, als die Somma, sondern weil sie zum Theil anderes, und obgleich sie zum Theil dasselbe enthalten, was die Somma enthält.

Dass der Verfasser unseres Rechtsbuches sich an keine ältere Vorlage über normannisches Recht anschloss, scheint mir auch aus den Worten des Prologs hervorzugehen, aus welchen freilich Warnkönig gerade das Gegentheil, die Benutzung der Statuta et Consuetudines, erschliesst. Ihm ist es gewiss, dass dem Verfasser der Somma diese Quelle vorlag. Im Prologe bemerke dieser, er habe das Buch geschrieben, um das nach dem Willen des Königs durch die Barone, Prälaten und andere Saiges Hommes constatirte Recht der Normandie der Erinnerung aufzuwahren. Darum dürfe man annehmen, dass eine Aufzeichnung existirte, welche das Ergebniss jenes Befehles war, und die Établissements mögen sie enthalten. Sehen wir vorläufig davon ab, was der Prolog in Wahrheit sagt, so wäre es doch wol eine eigenthümliche Logik, ein Buch zu schreiben, um der Erinnerung ein Recht aufzubewahren, über welches man eine geschriebene Aufzeichnung vor sich liegen hat. Die Stelle sagt übrigens etwas anderes: *Quoniam leges et instituta, que Normannorum principes non sine magna provisionis industria prelatorum comitum et baronum nec non et ceterorum virorum prudentium consilio et consensu statuerunt, nundum certa sibi adepta mansione per diversas diversorum linguas vagantia, elapsa pristinorum memoria in ignorancie ergastulum reclusit oblivio tenebrosum ... etc.*

Da ist nicht die Rede von einem Rechte, welches ein

König durch Barone etc. constatiren liess, sondern von einem Rechte, das normannische Fürsten mit Beirath von Grossen und Rechtsgelehrten gesetzt haben. Das normannische Recht gilt dem Verfasser im Wesentlichen als ein Ergebniss von Satzungen, eine Auffassung des Gewohnheitsrechts, welche ja häufig wiederkehrt, und auch von Eike von Repkow bezüglich des Sachsenrechtes getheilt wird. Jenes gesatzte Recht nun drohe der Vergessenheit anheimfallen, weil es nicht aufgeschrieben sei (nondum certa sibi adepta mansione); darum will der Verfasser dasselbe aufzeichnen. Der Gedanke an systematische Ausnutzung älterer Rechtsquellen scheint mir hiedurch ausgeschlossen. Der Verfasser der Somma hat seine Rechtskenntniss nicht sowol aus Büchern als unmittelbar aus der Rechtspraxis geschöpft. Gerade darum konnte sein Werk den praktischen Bedürfnissen seiner Zeit in so hohem Grade entsprechen, dass es gesetzesgleiche Autorität erlangte und für Jahrhunderte die Grundlage des normannischen Rechtslebens wurde.

Leipzig. Bär & Hermann.

FSC
www.fsc.org
MIX
Papier | Fördert gute Waldnutzung
FSC® C083411

Kolibri 360 GmbH
Ferdinand-Jühlke-Straße 7
99095 Erfurt, Deutschland
produktsicherheit@kolibri360.de

Druck:
CPI Druckdienstleistungen GmbH
im Auftrag der
Kolibri 360 GmbH
Ferdinand-Jühlke-Str. 7
99095 Erfurt